SIYB

创办你的企业

START YOUR BUSINESS

创业计划培训册

（第二版）

人力资源和社会保障部职业能力建设司
中国就业培训技术指导中心 组织编写

中国劳动社会保障出版社

图书在版编目（CIP）数据

创办你的企业. 创业计划培训册/人力资源和社会保障部职业能力建设司，中国就业培训技术指导中心组织编写. —2版. —北京：中国劳动社会保障出版社，2017

ISBN 978－7－5167－2955－7

Ⅰ.①创… Ⅱ.①人…②中… Ⅲ.①企业管理 Ⅳ.①F272

中国版本图书馆CIP数据核字（2017）第039276号

中国劳动社会保障出版社出版发行

（北京市惠新东街1号 邮政编码：100029）

*

中青印刷厂印刷装订 新华书店经销

890毫米×1240毫米 16开本 8.5印张 169千字

2017年3月第2版 2020年11月第16次印刷

定价：28.00元（全套定价：52.00元）

读者服务部电话：（010）64929211/84209101/64921644

营销中心电话：（010）64962347

出版社网址：http://www.class.com.cn

前言

党的十八大以来，我国通过实施一系列重大举措，极大地调动了广大人民群众的创业创新热情，新一轮的创业热潮正在蓬勃兴起。创业培训是培育劳动者创新精神、提高劳动者创业能力、实现个人发展和创造自身价值的重要途径，是激发劳动者创造力、推动大众创业万众创新的重要手段。

人力资源和社会保障部自20世纪90年代末开展创业培训以来，进行了积极探索，积累了有益经验。特别是与国际劳工组织合作，引进国际上比较先进的“创办和改善你的企业”（Start and Improve Your Business，SIYB）培训课程及技术，并将其本土化，深受广大创业者的欢迎和好评。近些年，我们顺应互联网创业新形势，又自主开发推广网络创业培训，实现创业培训技术的模式创新和持续发展，为推进大学生和返乡农民工就业创业发挥了积极作用。

为更好地落实促进就业创业的政策措施，帮助各地各部门有效地开展创业培训工作，我部职业能力建设司和中国就业培训技术指导中心组织创业培训专家，在“创办和改善你的企业”（SIYB）系列培训教材基础上，结合现阶段创业特点和实际情况，改版了这套《创办你的企业（Start Your Business，SYB）》创业培训教材，以更好地帮助创业者实现创业梦想。

通过课程的学习，创业者能够判断自己是否适合创办企业、适合创办什么样的企业，衡量自己的创业想法是否现实可行，进而最终完成自己的创业计划书。

一、教材内容

《创办你的企业（SYB）》教材的内容分为两个部分、十个步骤，每个步骤都是创业者在创业过程中必须面对和思考的。这十步，环环相扣，逐渐深入，缺一不可。当你通过这十个步骤循序渐进的学习，你可以形成自己的商业逻辑、系统化的创业思维，同时可以独立完成自己的创业计划书。

第一部分是创业意识，共两步（第一步至第二步）。通过这两步的学习，你能够理性评估自己是否适合创业并找到提升自己创业素质的方法；你将产生很多的创业想法；你将通过不同的方法筛选并分析出一个最适合自己的企业构思。

第一步：评价你是否适合创业

告诉你什么是企业，创办企业将面临怎样的挑战，让你从多个角度判断自己是否适合创办企业。

第二步：建立一个好的企业构思

告诉你企业的类型，成功创办一个小微企业的成功要素是什么，告诉你什么是企业构思，如何发现企业构思，怎样选出一个最适合你的企业构思。

第二部分是创业计划，共八步（第三步至第十步）。通过这八步的学习，你将知道如何将自己的企业构思“落地”变成一个真实的企业。你将学习如何利用系统的创业知识和技能，完成自己的创业计划书。

第三步：评估你的市场

告诉你如何根据自己的企业构思，评估你的企业开办后的市场状况，并通过调查和了解潜在的顾客和竞争对手来制订你的市场营销计划，并据此预测出企业产品的销售量。

第四步：企业的人员组织

告诉你如何构建企业的组织机构，组建团队并做好企业的人员分工。

第五步：选择你的企业法律形态

告诉你什么是企业法律形态，通过对各种小微企业常见法律形态特点的比较，选择一种适合你的企业法律形态。

第六步：企业的法律环境和责任

告诉你企业必须要依法经营，企业需承担哪些法律责任，同时企业的合法权益也将得到法律保护，为降低企业意外风险，你还要选择合适的商业保险。

第七步：预测你的启动资金

告诉你如何测算你需要多少钱来启动你的企业。

第八步：制订你的利润计划

告诉你经营企业必须赢利，这是企业成败的关键。要懂得什么是成本，怎么制定产品或服务的销售价格，维持良好的现金流对于企业的重要性。同时，你要能够制订出自己企业的销售与成本计划和现金流量计划，并了解获得资金支持的渠道。

第九步：判断你的企业能否生存

告诉你如何将前面八步中对自己企业的各项考虑和练习的结果填入创业计划书中，形成自己的创业计划书。通过制订创业计划，衡量自己的企业能否创办下去。同时，根据自己的创业计划，制订创办你的企业所需的具体行动计划，如申请贷款、申领营业执照等。

第十步：开办你的企业

告诉你在企业创办以后，还有很多的管理工作需要做。

二、教材构成

根据培训内容，《创办你的企业（SYB）》这套教材由三本书构成：

《创业意识培训册》，包括第一步至第二步，用来评估创业者是否适合创办企业，并衡量自己的创业想法是否现实可行。

《创业计划培训册》，包括第三步至第十步，为创业者提供创办一家小企业所需的知识和技能。

《创业计划书》，用于在培训结束时编制自己企业的创业计划书，筹划自己的创业蓝图，并为下一步融资做好准备。

三、关键栏目

在教材中，你会发现不同栏目和小图标，它们代表着不同内容。

“记住”，在这个栏目中，会将培训内容中的关键问题和注意事项等提炼成一两句话，重点强调，希望你能够理解并牢记。

“创业小贴士”，在这个栏目中，会对培训内容中的难点、重点做补充说明，便于拓展学习。

“黄亮和李燕的创业故事”，在这个栏目中，贯穿第一步至第十步连续讲述了甘肃某陶器厂技工黄亮和妻子李燕生产旅游特色工艺品创业的故事，他们将和你一起面对创业中的各种问题，希望他们创业的故事能够帮助你更好地学习和掌握创办企业的知识和技能。本案例仅服务于教学，为便于理解和计算，在市场真实数据基础上，对数据做了部分调整。

“练习”，在这个栏目中，设置了两种练习。一种练习是帮助你更好地理解刚刚学习的创业知识和技能；另一种练习是有关你自己的企业，帮助你将所学的创业知识和技能，应用到你未来的企业中去，更有效地模拟即将创办的企业所面对的各种问题，最终，帮助你完成自己企业的创业计划书。

“小结”，在这个栏目中，对本章节学习的知识和技能进行总结，并通过思维导图进行梳理，帮助你更直观、有效地掌握书中主要内容。

本套教材是在专家们的共同努力下完成的，尚虹老师和叶仁平老师完成了第一步和第二步的编写，郑晓瑾老师完成了第三步和第四步的编写，杨兴民老师完成了第五步和第六步的编写，李颖老师完成了第七步、第九步和创业计划书的编写，高爱兰老师完成了第八步和第十步的编写。此外，贺东亮、冯卓、王西霞、刘凌等老师参与了审定工作。为确保教材的准确性和适用性，所有编审专家都本着认真负责、精益求精的态度，克服身体方面等种种困难，做了大量的调研分析工作，经常集体研讨至深夜，精准每一个知识点，细抠每一个字词句，并反复核对、整理、审校书稿，在此一并致谢！

本套教材同时得到了各地人力资源社会保障（劳动保障）厅（局）创业主管部门的大力支持。本教材在出版前分别由内蒙古自治区就业服务局、四川省就业服务局组织鄂尔多斯市社会人员、成都农业科技职业学院大学生，以及当地创业培训讲师、培训师开办了改版教材试验班，对教材改编工作发挥了重要作用。在此表示感谢！

如本教材有不妥之处，还望大家谅解。在使用过程中有何问题请及时反馈，以便再版时进行订正。

人力资源和社会保障部职业能力建设司

中国就业培训技术指导中心

目 录

第三步　评估你的市场

通过前两步创业意识的培训，你已经有了明确的企业构思。现在，你需要学习市场营销的知识，衡量你要创办的企业生产的产品或提供的服务有没有市场。市场营销计划指明企业的发展方向，是企业各部门工作的核心。市场营销工作告诉你谁是你的顾客，他们需要什么，他们想要什么，你怎样满足他们的需要并从中获取利润。

在这一步，你将学习怎样识别潜在的顾客，了解他们为什么选择买你的产品或服务，而不买你竞争对手的产品或服务。你可以利用这方面的信息准备你的市场营销计划，你的市场营销计划是你创业计划中的一个重要部分。

为了制订出切合实际的市场营销计划，你首先要了解你的顾客和竞争对手的情况，即市场需求和供给两个方面的情况，也就是通常所说的市场调查。

一、了解你的顾客

1. 了解顾客的意义

顾客购买产品或服务是为了满足自己不同的需求：

- 他们购买自行车，是因为他们需要交通工具。

- 他们购买漂亮衣服，是为了使自己的外表更美观得体。
- 他们购买电视机，是为了获得信息和娱乐。
- 他们购买防盗门，是为了居家安全。

顾客是企业生存的根本，如果你不能以合理的价格向他们提供所需要的产品或服务，他们就会到别处去购买。对你感到满意的顾客会成为你的回头客，他们会向自己的朋友和其他人宣传你的企业。让顾客满意，往往会给你带来更多的销售额和更高的利润。

记住

没有顾客，你的企业就会倒闭。

2. 确定目标顾客

目标顾客是指企业生产的产品或提供的服务所针对的对象，是产品或服务的直接购买者或使用者。面对众多的顾客，你需要知道未来的顾客中谁有可能购买你的产品或服务，他们在哪里，他们有没有共同的特点，你的企业需要针对哪些群体开展营销活动。也就是说，你需要弄明白哪些群体才是你的企业的目标顾客。

你至少需要完成以下两个步骤，来确定你的企业的目标顾客：

步骤一：根据顾客需求及购买习惯的不同对顾客进行分类，并描述出每个顾客群体的特点和范围。

步骤二：选择一个或多个顾客群体作为你要了解或选择进入的目标市场。

记住

如果你解决了顾客的问题，满足了他们的需求，你的企业就有可能成功。

3. 了解顾客的有关信息

要了解顾客的有关信息，你需要做顾客方面的市场调查，这对你完成任何创业计划都是很重要的。为了更详细也更有针对性地了解顾客的情况，你可以提出下面这些问题：

- 你的企业准备满足哪些顾客的需求？把你准备提供的产品或服务列一张清单，并记录顾客需要的产品或服务的种类。你的顾客是男人还是女人，是老人还是儿童？其他企业也可能成为你的潜在顾客。把所有可能影响你的企业构思的方面写下来。
- 顾客想要什么产品或服务？这些产品或服务的哪些方面最重要，是规格、颜色、质量，还是价格？
- 顾客愿意为每种产品或每项服务付多少钱？

- 顾客在哪儿？他们一般在什么地方和什么时间购物？
- 他们多长时间购物一次，每年、每月，还是每天？
- 他们购买的数量是多少？
- 顾客数量在增加吗？能保持稳定吗？
- 为什么顾客会购买某种特定的产品或服务？
- 他们是否在寻找有特色的产品或服务？

……

记住

在做顾客方面的市场调查时，你要努力获取上述问题的可靠答案，这对于你判断你的企业构思是否可行是非常有帮助的。

4. 收集顾客信息的方法

做顾客需求调查、收集顾客信息可以采用以下几种基本方法：

➢ **经验判断法**——如果你对某行业很了解，你可以凭自己的经验进行判断。

➢ **观察法**——你可以直接观察调查对象，收集相关信息。

➢ **访谈法**——你可以从业内人士那里了解本行业市场方面的有用信息。你可以与该产品的主要销售商交流，从中得到相关信息。

➢ **实验法**——你可以用实验的方式，将调查对象控制在特定的环境条件下，对其进行观察以获得相应的信息。控制对象可以是产品或服务的价格、品质、包装等，这种方法主要用于市场销售实验和消费者使用实验。

➢ 问卷法——你可以通过设计调查问卷并让调查对象根据自己的实际情况填写调查问卷的方式获得所调查对象的信息。除一般实地调查外，问卷法在目前网络市场调查中运用得也较为普遍。

➢ 信息检索法——你可以通过阅读行业指南、报纸、杂志等查找你所需要的信息，也可以利用互联网检索顾客相关情况和数据。

创业小贴士

收集顾客信息的方法还有很多，你在做顾客需求调查时可以依据自己的经验，采用更适合自己的方法。你对顾客的信息掌握得越多、越准确，越有利于你做出正确的企业决策。

黄亮和李燕的创业故事（十）：调查顾客需求

黄亮的堂弟黄明在兰州一家企业咨询公司工作，趁黄明回家探亲之际，黄亮夫妇与他交流了办企业的想法，并向他请教如何进行顾客需求调查。经过深入的交流，黄亮夫妇从堂弟那里学到了很多知识。他们一致认为，创业初期应面向本地旅游区的游客，向旅游景点的商店供应价格便宜、样式新颖、有地方文化特色的工艺品。

如果企业今后想进一步发展，黄明建议把重点转向公司客户，如旅游纪念品公司、工艺品公司、贸易公司等。这类客户对市场比较了解，除了选样订货外，一般还会指定所需款式，订货量也比商店大，而且结款比较有保障，企业面临的风险小。以后企业还可以与市里的装修公司合作，提供泥塑装饰品。可惜黄明马上要回兰州工作，了解顾客需求的具体工作还得黄亮夫妇亲自去做。黄亮考虑的是要做什么样品，怎么做；李燕考虑的是向谁推销，怎么推销，以及包装、运输、收款、信息收集等方面的事情。

黄亮家方圆100千米内有6处旅游景点，都要乘长途车才能到达。黄亮和李燕决定分头去旅游景点，混在人群里观察游客们都喜欢买什么纪念品（样式、材质、大小、颜色、包装等），成交价是多少。他们还要设法向商店老板和摊贩打听流行纪念品的进货价、付款方式。每次都要买回几种畅销的纪念品样品作为参考。他们早出晚归，反复调查。

黄亮和李燕的女儿通过互联网了解到各地顾客对西部地区旅游产品的很多需求信息，可以帮助他们做出最终的产品决策。

记住

市场调查的过程就像一个侦探在寻找破案的线索。如果你发现你的企业没有多少顾客，你就要再构思一个不同的企业想法。

做第82页的练习21，确定你的目标顾客，再斟酌一下你的企业构思，把你的企业潜在顾客的特点记下来，充实你的企业构思。

二、了解你的竞争对手

1. 了解竞争对手的意义

做市场调查，只了解你的顾客的情况是不够的，你还需要了解你的竞争对手的情况。

通过了解竞争对手的优势、特点和不足，你可以学到很多东西，知己知彼；通过观察他们做生意的方法，你可以得到关于怎样将企业构思变成现实的启发。

2. 确定竞争对手

竞争对手的产品或服务与你的产品或服务类似，竞争对手与你的企业有共同或相近的市场，与你的企业有利益冲突，且对你的企业构成一定威胁。

从广义上讲，所有与你的企业争夺同一目标客户群体的企业都可视为你的竞争对手，但事实上只有那些有能力与你的企业抗衡的竞争者才是你真正的竞争对手。

通常情况下，你可以从以下三个方面来确定你的竞争对手：

- 与你的企业在同一区域或互联网领域内。
- 与你的企业有共同的目标顾客群体。
- 其经营对你的市场份额有一定的影响。

3. 了解竞争对手的有关信息

你可以通过回答下列问题来了解竞争对手的情况：

- 他们提供的产品或服务的价格怎样？
- 他们提供的产品或服务的质量如何？
- 他们如何推销产品或服务？
- 他们提供什么样的增值服务？
- 他们坐落在地价昂贵的地方还是地价便宜的地方？
- 他们使用的设备先进吗？
- 他们的雇员受过培训吗？他们的雇员待遇好吗？
- 他们做广告吗？
- 他们怎样分销产品或服务？
- 他们的优势和劣势是什么？

……

整理你通过调查收集到的信息，然后回答下列问题：

- 成功的企业有相似的运作方式吗？
- 成功的企业有相同的价格策略、服务、销售或生产方法吗？

4. 收集竞争对手信息的方法

收集竞争对手信息的方法与收集顾客信息的方法相同，你可以根据竞争对手的情况参照使用。

黄亮和李燕的创业故事（十一）：收集竞争对手的信息

黄亮用了两个星期的时间以联系业务的名义走访了几家企业，对他们的情况有了大致的了解。其中，进行实地调查的有两家企业，其他企业拒绝了黄亮的调查请求，关于这几家企业的情况，黄亮都是托亲戚朋友根据他列出的简单调查表探听得来的。

黄亮发现，附近已经有 5 家朱砂泥工艺品生产企业，这些企业都是家庭式的个体小企业，最早的已经开工 3 年，多数创办不到 1 年。这些企业雇用的工人数量从 1 名到 9 名不等，工艺品的生产都采用手工操作，规模最大的企业使用 9 个工作台。在这些企业中，年产量最少的 7 200 件，最多的约 6.7 万件，这些企业平均年产约 3.7 万件。他们做的都是低价的简单工艺品，零售价为 29~33 元。每家企业的工艺品品种只有 3~4 个，款式大同小异，而且都是仿制别家的产品，只略加改动，没有多少创新。产品的包装也比较简单，有的用较为普通的包装盒装产品，有的干脆不做任何包装。单价的区别主要在于规格不同。另外，外观、运输距离和销售环节等因素也会影响单价。这些企业都很少做广告，有些企业连商标都没有设计。没有一家企业是自己在旅游景点开店的，他们大多找些亲戚或熟人在旅游景点摆摊，同时也将产品批发给商店和其他摊贩。

此外，黄亮还打听到兰州郊区有 3 个小厂，使用钢模制坯，产品精致，品种多，质量稳定，单价也较高，最贵的达到 50 元。黄亮认为自己还没有能力和这 3 家企业竞争。经过这样一番摸底调查，黄亮和李燕对自己的企业构思更有信心了，脑子里又浮现出很多想法，与此同时他们也感到压力更大了，他们下决心一定要比别人做得好。

至于更远处的竞争对手的情况，黄亮和李燕没有足够的时间和盘缠去了解，也不知道该怎样打听。根据从互联网上查到的旅游业统计数字和在旅游现场了解到的情况，去年仅敦煌一处旅游景点就销售朱砂泥工艺品 30 万件以上，再加上其他几个景点，销量总共有 60 万件。而本地几家企业的产量加起来也不到销售总量的一半，这说明外来产品数量超过了一半。旅游景点的外来产品和本地产品相比，造型和质量都要好一些，价格平均每件贵 1 元。黄亮和李燕推断，外地的竞争对手应该也是些小型企业，只是起步早一些。从价差看，外地企业与景区的距离大致在 300~400 千米，它们的销售增加了一个运输环节，因此，外地企业的产品不具备价格优势。

做第 83 页的练习 22，确定你的竞争对手并做出优势分析。

三、制订你的市场营销计划

在掌握了顾客和竞争对手的情况之后，你便可以着手准备你的市场营销计划了。制订市场营销计划，一般从市场营销的产品（Product）、价格（Price）、地点（Place）、促销（Promotion）四个基本策略的组合入手，你需要紧紧围绕顾客需求这一核心从以下几个方面考虑：

- 向你的顾客提供他们需要的产品或服务。
- 为你的产品或服务制定顾客愿意支付的价格。
- 为你的顾客提供便于购买你的产品或服务的场所。
- 为你的顾客传递有关你的产品或服务的信息，吸引他们购买。

这四个方面通常被称为“市场营销组合策略”，简称“4P 组合”。

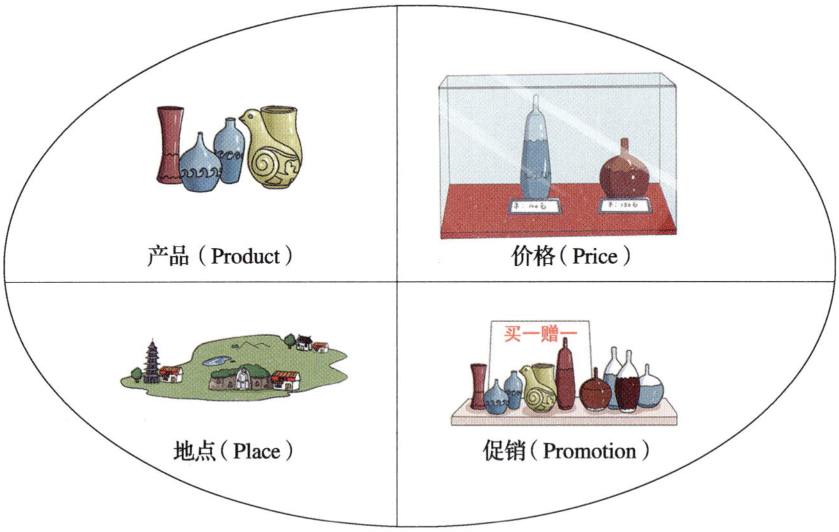

1. 产品

产品是指你计划向顾客销售的东西。你要决定你想出售的产品的类型、质量、颜色和规格等。

如果你的企业是服务型企业，那么所提供的服务就是你的产品。例如，文秘类企业可以提供打字、记账和复印等服务项目。

对于零售商和批发商来说，产品就是他们所销售的商品，他们往往会按照商品的性能、价格和消费者的需求来分类。比如，一家商店会把所有水果罐头归为一类。

此外，产品的概念还包括与产品或服务有关的其他属性，如产品的质量、每个产品的包装、附带的产品说明书、售后服务等。具体来说，一个完整产品的属性一般包括三个层次，如下图所示。

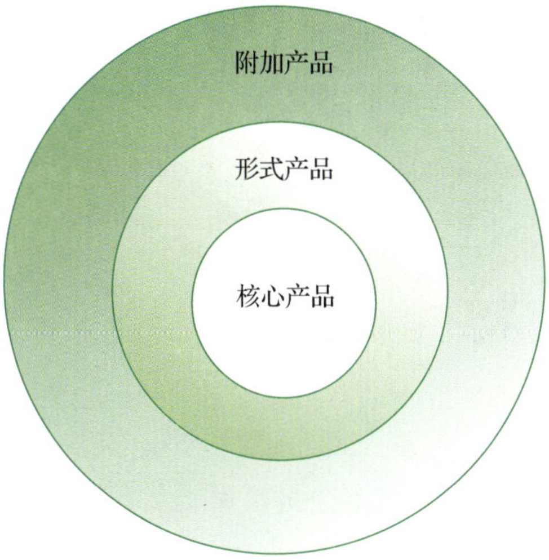

➢ 核心产品——指向顾客提供的产品或服务的基本效用或使用价值。例如，顾客购买洗衣机是为了洗衣方便、快捷、干净，顾客到影院消费是为了获得最佳的视听感受等。

➢ 形式产品——指核心产品借以实现的形式，通常由品质、式样、特征、商标及包装五个方面构成。例如，人们购买的生日蛋糕都会配有精美的包装。

➢ 附加产品——指顾客购买产品或服务时附带获得的各种利益的总和，包括产品说明书、产品质保书、安装服务、维修服务、送货服务、技术培训等。

企业经营者应该认识到，一种产品的生命是有限的，一般会经历新产品投放、成长、市场逐渐成熟、市场慢慢衰退等阶段，选择或开发新的替代产品是企业经营中要预先计划的工作。但是，一种新产品的开发往往具有较大的风险，而且需要企业付出巨大的成本。企业必须对目标顾客、市场和竞争对手有深入的了解，才能开发出顾客需要的产品。

黄亮和李燕的创业故事（十二）：产品策略

黄亮和李燕了解到来甘肃的游客主要分为两类：一是国内崇尚西部游的游客，尤其是每年暑假期间来甘肃的游客数量剧增；二是喜爱中国文化的外国游客。中外游客到这里游玩，都想带些纪念品回去，但不愿多花钱，他们喜欢式样古朴、颜色雅致、小巧玲珑的纪念品，方便携带。最后，黄亮和李燕做出了他们的产品决策：

➢ 核心产品——由于大多数游客都是中等收入者，所以产品的成本和定价不能太高，要满足这部分人的消费需求。而且，产品要能够体现西部文化，彰显西部特色，从而赢得游客的青睐。

➤ **形式产品**——贴近丝绸之路的背景主题。他们准备先做骆驼、菩萨和飞天三种式样的纪念品，在美术老师和历史老师的指点下，参考文物图片和现有纪念品样品，自行摸索设计，通过造型设计和古朴的色泽突出乡土特色，使他们的产品能够在市面上众多工艺纪念品中突显出来，吸引顾客的注意力。同时，产品设计精致小巧，便于顾客携带。

➤ **附加产品**——如有大宗交易，他们可以通过物流，免费为顾客将纪念品快递到家。

此外，他们还打算利用互联网学习竞争对手的优势，并试生产少量产品进行试销或赠送朋友，以获得更多针对其产品的市场反馈信息。

做第 85 页的练习 23，准备你的市场营销计划——产品。

2. 价格

在确定产品之后，你要为其定价。价格是你用产品要换回的钱数，但实际收入还会受其他因素影响，如产品打折和赊销等。在制定产品价格时，你必须了解：

- 你的产品的成本。
- 顾客愿意出多少钱买你的产品。
- 竞争对手同类产品的价格。

在本教材第八步中，你还将学习如何核算产品或服务的成本。现在，你要收集顾客愿意出的价格信息，列出竞争对手的价格信息，估算你的合理利润，然后预算你认为合适的价格。

黄亮和李燕的创业故事（十三）：价格策略

黄亮和李燕多次分头去敦煌等6个旅游景区蹲点调查，他们体会最深的是：游客对于自己看中的商品只有在认为价格公道时才会购买；而商贩只有在觉得有利润时才会积极进货和推销，以便从中赚到钱。所以，黄亮和李燕认识到，他们给商贩定的批发价，以及商贩给顾客定的零售价，对企业能否成功都至关重要。但是，黄亮只知道自己做一件工艺品的成本大概是多少，李燕也觉得零售价定多少她还掌握不了，因为这取决于商贩的本事和游客的接受能力。他们搞不清批发价定多少才合适。

怎么办？他们决定把调查记录整理出来，从了解到的零售价出发往回推算批发价和成本价。经过整理，他们发现，游客购买类似的朱砂泥工艺品每个花费29~33元。商贩一般在批发价上加价20%~30%，竞争对手一般在产品成本价上加价40%~50%。

据此，李燕提出，如果他们的产品在甘肃旅游景区的零售价为28元就好出手，如果他们也照搬商贩和竞争对手的加价规则，那么给商贩的批发价（出厂价）就不能高于24元。这意味着他们的成本价必须控制在17元左右，对此黄亮觉得比较有把握，他们的价格策略就这么确定了。至于比敦煌更远的旅游景区的产品零售价，由于商业环节多，听说对于30~32元的零售价，游客也能接受。

做第96页的练习24，准备你的市场营销计划——价格。

3. 地点

地点是指你把自己的企业设在什么地方。如果你计划开办一家零售店或一家服务企业，那么地点对你来说就非常重要。你必须把它设在离顾客较近的地方，这样便于顾客光顾你的店铺。一般来说，如果你的竞争对手离顾客较近，顾客就不会跑很远的路来你的店。

而对于制造商来说，企业的位置离顾客远近并不是最重要的，最重要的是企业获得生产所需的原材料是否便捷。也就是说，企业应该设在离原材料供应商较近的地方。另外，能获得低租金的厂房对于制造商来说也很重要。

此外，选址时你还要考虑产品的分销方式和运输问题。仅仅生产好的产品是不够的，你必须让顾客很方便地得到你的产品。

分销方式是指采用什么样的方式让顾客方便地得到你的产品。一般来说有如下方式：

- 直销——指制造商直接把产品销售到顾客手中，减少了中间环节。
- 零售——指制造商把产品卖给零售商，零售商又把产品卖给顾客。
- 批发——在这种方式中，制造商以追求销量为目标，把大量产品批发给批发商，批发商又将产品转卖给零售商，零售商再把产品卖给顾客。

三种分销方式：

直销：制造商 » 顾客

零售：制造商 » 零售商 » 顾客

批发：制造商 » 批发商 » 零售商 » 顾客

黄亮和李燕的创业故事（十四）：地点策略

黄亮和李燕家有四间大瓦房和一个宽敞的院子。原本对于他们来说选址很简单，因为做小型朱砂泥工艺品用料少，冷塑工艺简单，所用的工具设备不多，也不用烧结窑，占地少，所以，他们可以把生产车间建在自家院子里，根本不需要找其他地方。然而，他们又考虑到，朱

砂泥工艺品的生产过程多少还是会影响邻居的生活，而且对销售方式也有影响，所以，他们还是决定租一处带院子的厂房进行生产活动。两口子经过多处考察，找到一处厂房，面积和位置都较为合适，租金是每月 2 000 元，他们也能够承受。

地点选好后，黄亮和李燕开始考虑销售的问题。李燕如果去旅游景区摆摊，只能照看一两处，无法照看所有摊点。另外，来回跑路很辛苦，光路费就是一笔不小的开支，还要付摊位费，而且李燕也顾不了家。因此，他们决定将产品卖给那些旅游景区的商店和摊贩，由他们将产品卖给游客。起步时，由李燕定期送货到旅游景区，有的旅游景区比较远，但是没关系，路程方面不是大问题，乘汽车即可，他们的产品体积小，也不是很重，李燕每次可以手提两个纸箱，带几十件产品。对于附近的旅游景区，为保证送货及时，他们考虑先买一辆三轮车，等将来业务量大了，再购买更好的交通工具送货。如果以后开发产品的线上销售渠道，他们准备通过物流送达。

做第 87 页的练习 25，准备你的市场营销计划——地点。

4. 促销

促销是指把你的产品或服务的信息传递给顾客，吸引他们购买你的产品或服务的活动。促销通常有以下四种方式：

- **广告**——向你的顾客提供产品或服务信息，让他们有兴趣购买你的产品或服务。你可以通过报纸、杂志、广播电视等做广告。招贴画、小册子、铭牌、价格表和名片以及 APP、论坛、微信、QQ 等网络媒体也是你为企业及产品或服务做广告的途径。
- **人员推销**——你的企业派出销售人员与一个或一个以上可能成为购买你的产品或服务的人交谈，做口头陈述，说服顾客购买你的产品或服务，以达到促进和扩大销售的目的。
- **营业推广**——当顾客来到你的企业或以其他方式与你接触时，你要想方设法让他们购买你的产品或服务。营业推广的手段很多，例如，你可以用醒目的陈列、展示、竞赛活动吸引顾客，也可以用买一赠一等方式来刺激顾客的购买欲。
- **公共关系**——企业为改善与社会公众的关系，加深公众对企业的认识、理解及支持，树立良好的企业形象，促进商品销售而进行一系列的促销活动。企业的公关活动主要有宣传类活动、交际类活动、赞助类活动、服务类活动、科普类活动、公关特别节目等。

促销很费钱。为了降低费用，你要向美工、印刷商和其他专业人员询价。你要先了解竞争对手使用的促销方法，然后再确定对你的企业奏效的促销方式。

黄亮和李燕的创业故事（十五）：促销策略

黄亮和李燕依照黄明的建议买了一本介绍销售管理知识的小册子，读了之后，他们很受启发，同时也感觉到绝大部分促销方式对于他们这个行业的家庭企业是不适用的，而且促销费用太高。

- 报纸广告：游客来去匆匆，很少看到当地报纸，更不会注意报纸上的广告。而本地读者很少去旅游景区，也不会买当地纪念品。
- 广告牌：旅游景区附近对设立广告牌有严格的要求，他们只见过食品和饮料广告，没见过工艺品广告。
- 商标：手工艺品贴上商标不伦不类，像大工业生产的标准化产品，失去了手工艺品的特色。

黄亮和李燕商量出来的促销方式极为简单：

- 盖印：黄亮要像“名工匠”那样在产品上留下自己的印记。他要设计和雕刻一大一小两个精美的图章。小的盖在泥坯的底下，提升工艺品的品质，吸引顾客的注意力；大的盖在纸箱四周，以便在商贩那里树立形象，这样也可以省去定做专门纸箱的费用。另外，他们还准备设计自己企业的二维码，以便于线上销售。
- 报纸宣传：黄亮有个老同学是当地一家报社的记者。黄亮打算请他为企业写篇文章，从自我创业的角度宣传企业。
- 营业推广：在旅游景区销售纪念品的商贩绝大部分是当地农民，比较实在。谁的东西好，谁能让他赚更多的钱他就进谁的货，不必请客送礼。订货的事情都是小老板自己做主，不存在讨好采购员的问题。所以，黄亮和李燕促销的关键就是要保证产品款式新颖、质量稳定、价格低廉、交货及时。每次开发出新产品，都要送些免费样品给商贩试销，请他们摆在显眼的位置。

- 企业形象大使：李燕端庄大方，性格开朗，诚实、勤奋、自信、友善，非常适合与商贩打交道，一定能当好企业的形象大使。
- 赊销：他们打算对知根知底的商贩进行赊销，放款 30 天，但赊销量不能超过每月销售量的一半。

做第 88 页的练习 26，准备你的市场营销计划——促销。

创业小贴士

随着市场环境的变化，新的市场营销理论也在不断产生，如 4C 理论、4R 理论，这些理论分别从不同的视角诠释了市场营销。

四、预测你的销售量

预测销售量就是估算企业在未来一段时间内（12 个月）的销售量。预测销售量是预测销售收入和编制创业计划书的基础，也是最重要、最困难的内容。收入来自销售数量的多少和销售价格的高低，没有好的销售就没有高的利润。

大多数人往往过高估计自己的销售量。因此，你在预测销售量时不要过于乐观，要留有余地，更要采用科学的预测方法。

预测销售量的方法主要有以下几种：

➤ 经验预测法——你可能在同类企业中工作过，甚至在你的竞争对手的企业中工作过，你应该对市场有所洞察和了解，并可以利用这方面的知识来预测你的销售量。

记住

如果你要达到与现有企业相同的销售和利润水平，往往需要一段时间。

➢ 类比预测法——将你的企业资源、技术和市场营销计划与竞争对手加以比较，基于他们的水平来预测你的销售量，这可能是最常用的销售预测方法。

记住

如果你在本地区没有竞争对手，那么你可以到其他地方看看那里的企业是怎样运作的。

➢ 试销预测法——少量试销你的产品或服务，看看你能销出去多少。这种方法对制造商和专业零售商很有效，但不适合有大量库存的企业。

记住

如果使用试销预测法，创业起步时，企业的规模要小，你甚至可以保持半开工状态，然后再慢慢将企业做大。

➢ 订单预测法——你可以通过你所获得的订单数量来预测你的销售量。如果你的企业客户不多，那么你可以采用这种方法。这种方法适用于出口商、批发商或制造商。

记住

这些订单必须是书面购买意向书，不能信赖口头协议。

➢ 调查预测法——调查访问那些可能成为你的顾客的人，了解他们的购买习惯。要想做好调查不容易，你可以先以亲戚朋友为对象进行初测。分析一下结果，然后判断你提的问题是否提供了预测销售量所需的信息。你不可能访问所有的潜在顾客，所以，你需要做抽样调查。

记住

调查的对象要能够代表你的潜在顾客群，这点很重要。

黄亮和李燕的创业故事（十六）：预测销售量

黄亮和李燕记得有这样一条生意经：买卖成功的关键是摸清市场和了解竞争对手。他们知道，企业的主要风险来自市场需求变化和竞争对手的情况。为此，黄亮和李燕决定认真做好当地市场销售量的预测。他们重新整理并进一步调查了旅游景区销售和竞争对手的情况。下面是竞争对手上一年的产量。

项目	作坊1	作坊2
工作台数量（台）	1	2
平均月产量（件）	600	1 240
上一年总产量（件）	7 200	14 880

项目	作坊3	作坊4	作坊5
工作台数量（台）	5	8	9
平均月产量（件）	3 000	4 960	5 580
上一年总产量（件）	36 000	59 520	66 960

前期，他们了解到上一年附近旅游景区总共销售朱砂泥工艺品60万件，扣除上述5家企业的产量近19万件和兰州市郊3家企业的中高档产品产量20万件，余下21万件是本省其他地区或外省贩来的产品，约占总量的1/3。黄亮和李燕对外地竞争对手的情况，除产品样式、价格和总量外，其他知道得很少。好在商贩普遍反映朱砂泥工艺品需求旺，有多少卖多少，而且游客数量年年走高，商贩看好今年的销售市场，黄亮和李燕也是这样认为的。只要供不应求就有机遇，不管还有多少家企业要上马，不管现有的厂家打算增产多少，他们一定要抓住这个机遇。结合对周围竞争对手情况的了解，他们将自身企业能力与各竞争对手进行了对比分析，认为前几个月基于市场认知度还不高等因素，销售量肯定会比较低，但他们有信心在3~4个月后把月销售量提高到1 500件。考虑到暑期是旅游旺季，黄亮和李燕打算在7月和8月把销售量分别提高到1 600件和1 800件。经过反复考虑，他们决定先购买3个工作台进行生产。

下面是他们的销售量预测。

月份	3月	4月	5月	6月	7月	8月	9月	10月	11月	12月
销售量预测（件）	500	800	1 000	1 200	1 600	1 800	1 500	1 500	1 500	1 500

创业小贴士

黄亮和李燕忽略了季节对旅游产品销售的影响，11月和12月的销售量可能预测过高。

做出一个切合实际的销售量预测极为重要，千万不要以产定销，过高估计。

谁都希望自己成功，但必须提醒自己：最初，销售量会低一些，后期有望逐步提高。

预测销售量的基本步骤如下：

第一步：采用预测销售量的方法，预测当年（至少6个月）销售总量。

第二步：根据当年销售总量，计算各月平均销售量。

第三步：考虑各种因素（营销计划、市场容量、销售淡旺季、企业知名度、留有余地等）并做出适当的调整。

第四步：最终确定各月销售量和当年销售总量。

做第89页的练习27，学习更多的预测销售量的知识，然后做第91页的练习28和第93页的练习29，选择预测销售量的方法并预测你的企业销售量。

小结

市场调查是向潜在顾客和竞争对手提出问题并获取信息的过程。有了这些信息，你就可以围绕产品、价格、地点、促销这四大市场营销要素制订你的市场营销计划了。

你必须预测销售量，这是编制创业计划书的基础，也是最困难和最重要的内容之一。销售可以带来利润，没有强有力的销售就没有高额的利润。预测销售量是一件难度较大但又必须做好的事情。

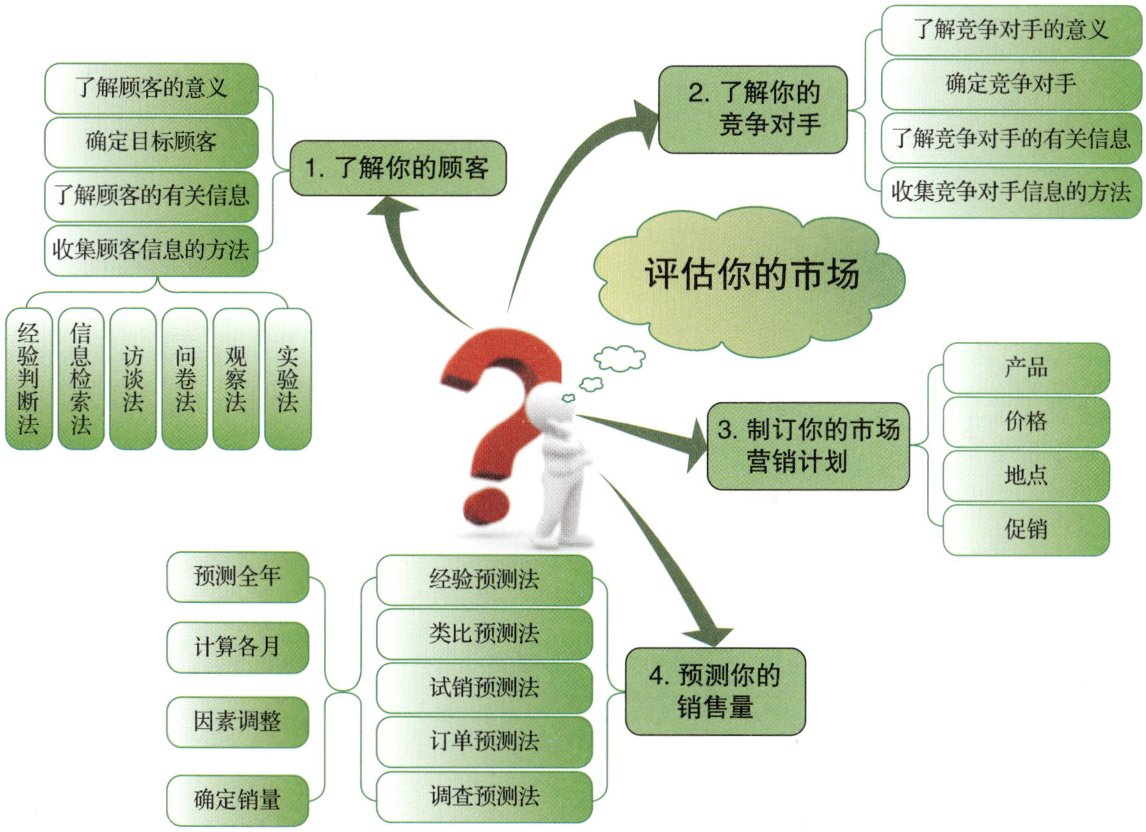
评估你的市场
1. 了解你的顾客
了解顾客的意义
确定目标顾客
了解顾客的有关信息
收集顾客信息的方法
经验判断法
信息检索法
访谈法
问卷法
观察法
实验法
2. 了解你的竞争对手
了解竞争对手的意义
确定竞争对手
了解竞争对手的有关信息
收集竞争对手信息的方法
3. 制订你的市场营销计划
产品
价格
地点
促销
4. 预测你的销售量
经验预测法
类比预测法
试销预测法
订单预测法
调查预测法
预测全年
计算各月
因素调整
确定销量

第四步　企业的人员组织

在第三步，你已经预测了你的企业的销售量，也估算出了要生产多少产品。现在，你需要为你的企业制订人员计划，组织你的企业人员去实现你的生产销售计划。为了使你的企业顺利而成功地运行起来，你必须很好地组织人员。你必须知道你的企业有哪些工作要做，并且要雇用合适的人去做这些工作。企业要实现高效生产，必须有一支具备知识和技能的员工队伍。

每名员工都会对企业的成功起作用。要认真对待雇用员工的问题，要考虑员工的职责，懂得如何安排他们的工作。在这一步，你将学习有关员工的选择、工作安排和组织管理方面的知识。

一、企业的人员组成

小微企业规模不大，一般由下列人员组成：

- 企业主。
- 企业合伙人。
- 员工。

1. 企业主

在大多数小微企业中，企业主既是企业的所有者，又是企业的经营者，是企业的灵魂和核心。企业主可以行使以下职责：

- 开发创意，制订目标和行动计划。
- 组织和调动员工实施行动计划。
- 确保计划的执行，使企业达到预期目标。

在计划开办企业和制订企业计划时，你要考虑自己的经营能力，要明确哪些工作可以由你自己去做，哪些工作是你既没

能力也没时间去做的。如果你需要一名经理，就要考虑他应具备的能力和经历。

你可以向其他有经验的企业主请教，看看他们是如何管理企业和员工的。

黄亮和李燕的创业故事（十七）：谁来当经理

黄亮和李燕要办的企业在有能力雇用别人管理企业或生产加工之前，企业的员工就只有他们两个。夫妻俩就企业的管理和分工促膝长谈，分析各自的长处和适合做的工作。

商量之后，他们认为：黄亮见多识广，有主意，适合担任经理，负责产品设计、生产管理、工艺技术和企业计划；李燕心细，善于沟通，适合负责账目管理、采购和销售。但在大事上，他俩将共同商量决定。

2. 企业合伙人

如果一家企业不止有一个企业主，那么，这些企业主将以合伙人的身份共享收益、共担风险。他们将决定彼此如何分工合作，也许一个人负责销售，一个人负责采购，一个人负责管理……

合伙人之间的交流一定要透明和诚恳。合伙人无法形成统一决策往往会导致企业经营失败。因此，有必要在决定合作前签订股份合作协议或合伙协议。

3. 员工

如果你没有时间或能力把全部工作包下来，你就需要雇用员工。小微企业可能只需要雇用 1~2 名员工，有的企业则需要雇用更多的员工。

为了雇用到合适的员工，你要考虑以下几点：

- 参照你的企业构思，把该做的工作列出来。
- 明确哪些工作是你自己做不了的。

- 详细说明员工要做这些工作应该具备哪些知识和技能，以及其他要求。
- 决定完成每项工作需要多少人。
- 要向员工（包括企业主本人）支付多少工资。

记住

创办小微企业，在明确企业主、企业合伙人和员工职责的同时，还要有企业顾问，并随时寻求他们的帮助。

你不可能是所有事务方面的专家，因此，企业有必要寻求包括相关专业协会、融资机构、会计、律师、咨询顾问、政府职能部门的专家以及创业培训老师的帮助。你还可以考虑从一些企业、贸易和教育机构那里获得帮助，如信息咨询、管理或业务培训等。

二、确定岗位职责

小微企业的人员管理，就是让合适的人做合适的事。因此，企业主必须考虑建立企业管理制度，明确岗位职责，让所有员工都知道自己必须做哪些工作，以及完成这些工作所需要的知识和技能，即以制度管人，而非人管人。

岗位职责规定了某一特定岗位的工作内容，对于这些内容，你必须清楚地描述出来。这样做有如下好处：

- 能明确员工的岗位及职责、权力与利益。
- 能提供绩效考评的依据，调动员工的积极性。

一般来说，确定岗位职责时应注意以下问题：

- 根据企业经营需要确定工作岗位名称及数量。
- 根据岗位工种确定岗位职务范围。
- 明确岗位任职条件。
- 确定各个岗位之间的关系。
- 根据岗位的性质明确实现岗位目标的责任。

黄亮和李燕的创业故事（十八）：确定员工的岗位职责

黄明曾提醒黄亮和李燕要及早确定岗位工作职责。开始时企业虽然只有他们两个，但分工明确，可以避免工作重复和遗漏。岗位工作职责对于将来定岗位、定雇员、定职务、定工资以及监督考核都会有参考作用。按照黄明的建议，黄亮和李燕编制出以下这份岗位工作职责表。

岗位	工作内容	所需素质或技能	谁的任务	
			第一阶段	下一阶段
经理	做计划、制定目标、监督实施、协调内部关系、与工商和税务等部门打交道	有主见、认真、果断、应变能力强、人际交往能力强	黄亮	黄亮
财务	出纳、收款、记账、管理现金、盘点库存	认真踏实、有条理、诚实、细致	李燕和他们的女儿	专业会计和出纳
销售管理	市场调查、与顾客建立并保持良好的关系、接订单、预测销售量、确定价格、组织促销活动、发货送货、采购原料	认真、思路敏捷、有活力、善于与人交往、谈判能力强、讲诚信	李燕	李燕
生产管理	组织生产、监督生产、控制质量、管理工具设备和技术资料、维修、制订生产计划	认真、熟悉产品、懂技术、动手能力强、善于和人相处、善于处理矛盾和解决问题	黄亮	黄亮或其他人
产品设计开发	跟踪市场需求动态、收集样品信息、设计制作样品	有一定的美术基础、有较丰富的历史文化知识、富有创造性、懂工艺	黄亮	黄亮或其他人
生产工人	配料、搅拌、制坯、晾晒、雕琢、涂色、包装	有责任心、勤快、能吃苦、手巧	黄亮	工人

做第 94 页的练习 30，确定你的企业需要的员工。

三、设计组织结构

由于小微企业人员较少，工作关系比较简单，所以组织结构也相对简单，过于复杂的组织结构不但不实用，反而会增加企业运营成本。

小微企业最常见的组织结构是直线式，即把企业的人员按照工作责任分配到若干部门，并在每个部门设立一个领导岗位，然后明确各部门之间的关系。在这种组织结构中，企业内部从上到下实行垂直领导，下属部门只接受一个上级的领导，部门领导对所属部门的一切问题负责。另外，结合企业的实际情况，可以设计不同的组织结构。

一般来说，设计组织结构时应注意以下两个方面：

- 你的企业内部部门和岗位的设置。
- 部门和岗位之间的关系。

你可以按照以下步骤来设计你的企业的组织结构：

步骤一：弄清你的企业内部都有哪些工作职责，应该划分成哪些部门，设置哪些岗位。

步骤二：明确各部门和岗位之间的关系，是从属关系还是并列关系，并考虑属于并列关系的部门和岗位之间如何进行协调和配合。

步骤三：明确各部门和岗位的工作职责。

步骤四：考虑各部门和岗位应该设置哪些人员，设置多少。

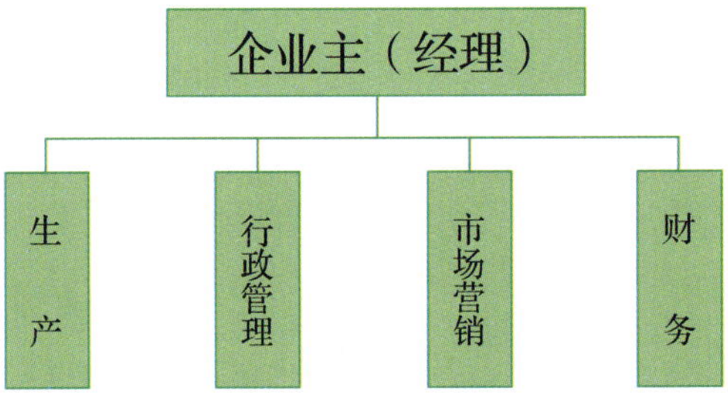

良好的组织结构可以帮助企业在人员有限的情况下保持较高的团队执行力和战斗力。

做第 95 页的练习 31，设计你的企业的组织结构图。

四、企业员工招聘

你要根据岗位职责来聘用企业员工，能雇用到有相关专业技能、有工作积极性的员工是非常重要的。

企业员工招聘应遵循以下流程：

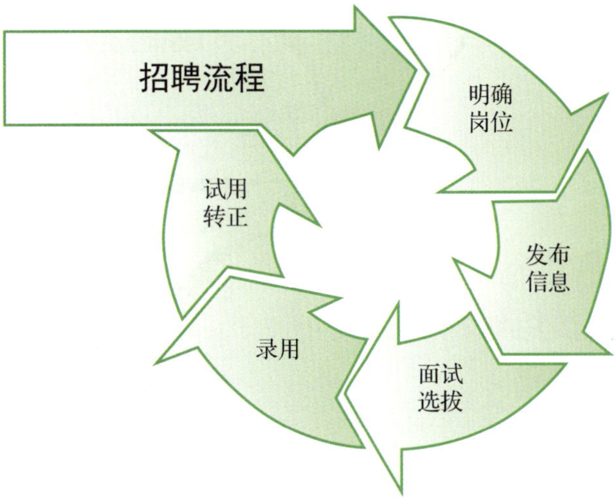

在录用员工前，你要面试所有应聘人员。面试过程中，提问很有技巧，通过向应聘人员提出下面这些问题，你可以掌握他们的基本情况：

- 你原来在哪儿工作？具体做什么工作？
- 你为什么想来本企业工作？
- 你希望得到什么职位？
- 你认为你有哪些优点和缺点？
- 你怎样支配业余时间？有什么兴趣爱好？
- 你喜欢和别人一起工作吗？如果有人对你态度不好，你会做出怎样的反应？

……

要多提一些问题，以便了解应聘人员更多的情况。最后向所有参加面试的应聘人员发出通知，不管他们是否被录用。

小结

小微企业一般由企业主、企业合伙人和员工组成，其工作能力对企业的成败有着重要影响。你要管理好企业，就要慎重地选择人员，要明确他们各自的角色和岗位。

一家生产经营高效的企业必须组织严谨，让所有员工知道自己必须做哪些工作，以及完成这些工作所需要的知识和技能。你要明确你的企业所需要的人员，建立企业管理制度，明确岗位职责，这样你管理企业就会容易得多。

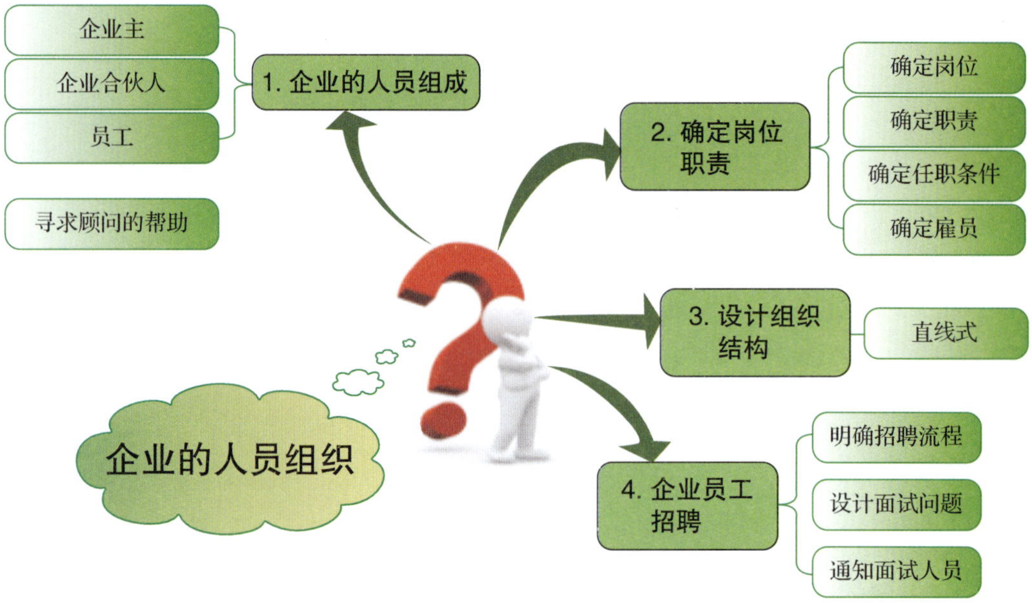
企业的人员组织
1. 企业的人员组成
企业主
企业合伙人
员工
寻求顾问的帮助
2. 确定岗位职责
确定岗位
确定职责
确定任职条件
确定雇员
3. 设计组织结构
直线式
4. 企业员工招聘
明确招聘流程
设计面试问题
通知面试人员

第五步　选择你的企业法律形态

在第三步和第四步，你已经预测了你的产品或服务的销售量，并确定了企业的人员安排。

在这一步，你需要了解企业作为一种组织，必须具有一种法律形态，也就是说，你必须决定办一家什么形式的企业。为此，你需要了解我国企业的法律形态，学习并比较每一种法律形态的特点，这将有助于你为自己的企业选择一种最适合的法律形态。

一、什么是企业法律形态

企业法律形态是指国家法律规定的企业组织形式，即企业在市场环境中存在的合法身份。

我国企业的主要法律形态有股份有限责任公司、有限责任公司、外资企业、中外合资企业、中外合作企业、乡镇企业、股份合作制企业、合伙企业、个人独资企业、个体工商户、农村承包经营户、农民专业合作社等。

小微企业常见法律形态主要有个体工商户、个人独资企业、合伙企业和有限责任公司四种。

不同的企业法律形态有不同的要求，对你的企业会产生诸多影响，这些影响包括：

- 开办和注册企业的成本。
- 开办企业手续的难易程度。
- 企业的风险责任。
- 筹集资金的难易程度。
- 寻找合伙人的可能性。
- 企业的决策程序。
- 企业利润及利润分配。

二、小微企业常见法律形态的特点

不同的企业法律形态具有各自的特点，了解它们，有助于你为自己的企业选择合适的法律形态。

<table>
<tr><th>特点
形态</th><th>业主数量和注册资本</th><th>成立条件</th><th>经营特征</th><th>利润分配和债务责任</th></tr>
<tr><td>个体工商户</td><td>● 业主是一个人或是一个家庭
● 无注册资本限制</td><td>● 业主应有相应的经营资金（对于经营场所，各地有具体要求）</td><td>● 资产属于私人所有，自己既是所有者，又是劳动者和管理者</td><td>● 利润归个人或家庭所有
● 由个人或家庭经营的，以其个人或家庭资产对企业债务承担无限责任</td></tr>
<tr><td>个人独资企业</td><td>● 业主是一个人
● 无注册资本限制</td><td>● 投资者是一个自然人
● 有合法的企业名称，有固定的生产经营场所和必要的生产经营条件
● 有必要的从业人员</td><td>● 资产为投资人个人所有，业主既是投资者，又是经营管理者</td><td>● 利润归个人所有
● 投资人以其个人资产对企业债务承担无限责任</td></tr>
<tr><td rowspan="2">合伙企业</td><td>● 普通合伙企业由2个以上普通合伙人组成
● 无注册资本限制</td><td rowspan="2">● 合伙人为自然人的，应当具有完全民事行为能力
● 有书面合伙协议
● 有合伙人认缴或者实缴的出资额
● 有合伙企业的名称和生产经营场所</td><td>● 按照合伙协议的约定或者经全体合伙人决定，可以委托一个或者数个合伙人对外代表合伙企业，执行合伙事务</td><td>● 合伙企业的利润分配、亏损分摊，按照合伙协议的约定办理
● 合伙企业不能清偿到期债务的，合伙人承担无限连带责任</td></tr>
<tr><td>● 有限合伙企业由2个以上50个以下合伙人设立，其中至少有1个普通合伙人
● 无注册资本限制</td><td>● 由普通合伙人执行合伙事务
● 有限合伙人不执行合伙事务，不得对外代表有限合伙企业</td><td>● 普通合伙人对合伙企业债务承担无限连带责任，有限合伙人以其认缴的出资额为限对合伙企业债务承担责任</td></tr>
</table>

续表

特点 形态	业主数量和注册资本	成立条件	经营特征	利润分配和债务责任
有限责任公司	● 股东在50人以下 ● 没有最低注册资本要求 ● 注册资本由过去的实缴改为认缴，认缴金额及认缴方式由股东在公司章程中约定	● 股东符合法定人数 ● 股东出资达到认缴额度 ● 股东共同制定公司章程 ● 有公司的名称，建立符合有限责任公司要求的组织机构 ● 有固定的生产经营场所和必要的生产经营条件	● 公司设立股东会、董事会（执行董事）和监事（会） ● 由董事会聘请职业经理人管理公司业务	● 按股东实缴的出资比例来分取红利，以其认缴的出资额为限对公司承担责任
		● 一人有限责任公司，即只有一个自然人股东或者一个法人股东的有限责任公司	● 不设股东会 ● 应当在每一会计年度终了时编制财务会计报告，并经会计师事务所审计 ● 可设1名执行董事	● 股东不能证明公司财产独立于股东自己财产的，应当对公司债务承担连带责任

创业小贴士

在了解小微企业常见法律形态的特点时，应区别企业字号与企业名称，自然人、法人及法定代表人，无限责任、无限连带责任、有限责任的不同含义。其他企业法律形态及其特点，请参阅现行法律法规的相关规定。

三、选择合适的企业法律形态

为保证企业稳定经营和持续发展，你必须选择一种合适的企业法律形态。在选择企业法律形态时，你要考虑以下几个因素：

- 准备创办企业的规模。
- 行业类型和发展前景。
- 企业主或投资者的数量。
- 创业资金的多少。
- 充分利用政策的优势。
- 企业的义务和应承担的责任。
- 创业者的价值观念（倾向于个人决策还是协商合作）。

你在选择企业法律形态和注册企业时，可以寻求更多的帮助。我国有专门为扶持小微企业而提供咨询的政府机构（各地工商管理局等）和非政府组织（工商联合会等），还有帮助各类失业人员创业的社会保障和就业服务部门。如果你要创办一家规模较大或结构复杂的企业，选择企业法律形态时，你可以听取律师的意见。

记住

别人的意见只供你参考，你要有主见，如果要采用他人建议的企业法律形态，一定要弄清楚原因。

不同的企业法律形态各有利弊，你在选择企业法律形态时，要考虑你的企业的实际情况及选择某种法律形态可能会对你的企业产生的影响：

- 如果你准备创办的企业规模较小，投资人和资金较少，所有风险都由你一个人承担，你就可以选择简单、经济的企业法律形态，如个体工商户或个人独资企业。
- 如果有国外的亲戚朋友愿意投资帮你创业，你可以选择中外合资企业或中外合作企业的法律形态。
- 如果你的创业资金和技术不足，但有志同道合的朋友愿意一起干，不妨选择合伙企业或有限责任公司的法律形态。
- 如果你有较强的独立意识，不喜欢与他人合作，怕麻烦或怕得罪人，那么你可以选择个体工商户、个人独资企业或一人有限责任公司的法律形态。

黄亮和李燕的创业故事（十九）：选择企业法律形态

黄亮和李燕决定选择有限责任公司作为企业的法律形态。他们做这个决定主要出于以下几个方面的考虑：

第一，从成立的条件看，有限责任公司与个体工商户的成立条件都比较简单，要求也比较低。

第二，从个人的角度看，凭借他们的资金、经验、技能和行业知识，足以开好一家小型有限责任公司。稳妥起见，他们决定开始先以夫妻入股的形式办有限责任公司，然后再一步一步地摸索，待将来企业发展达到一定规模后，再考虑拉入其他股东。

第三，从风险的角度看，个体工商户是以其个人或家庭财产对企业债务承担无限责任，而有限责任公司只承担注册资金内的债务或清算责任。

第四，从发展的角度看，有限责任公司的发展空间更大，不论是洽谈业务还是日后招聘员工都有优势。

说干就干，黄亮、李燕立即着手有限责任公司的注册工作。

做第 96 页的练习 32，选择你的企业的法律形态。

小结

你准备开办企业时，要选择合适的企业法律形态。企业法律形态不同，企业的法律地位和投资人的风险责任范围也不同。我国小微企业最常见的法律形态主要有个体工商户、个人独资企业、合伙企业和有限责任公司四种。选择企业法律形态时，既要考虑企业规模、业务特点，也要考虑创业者的价值观念。

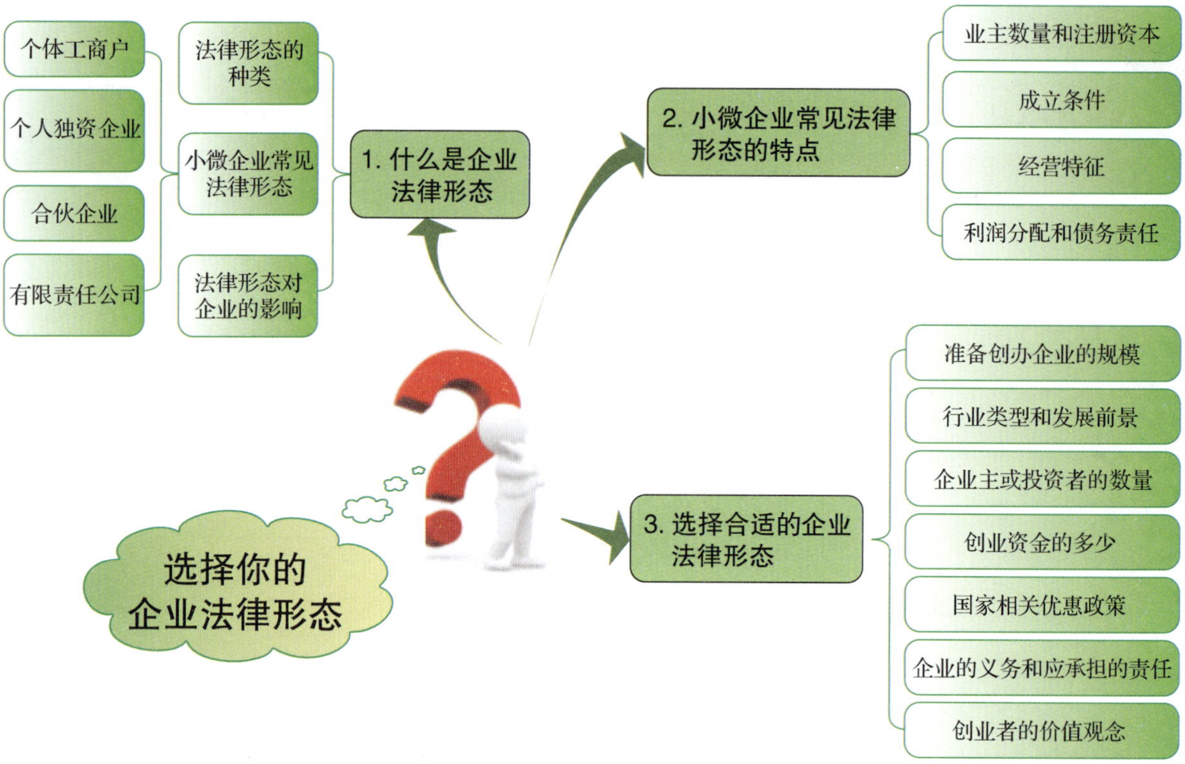
个体工商户
个人独资企业
合伙企业
有限责任公司
法律形态的种类
小微企业常见法律形态
法律形态对企业的影响
1. 什么是企业法律形态
2. 小微企业常见法律形态的特点
业主数量和注册资本
成立条件
经营特征
利润分配和债务责任
选择你的企业法律形态
3. 选择合适的企业法律形态
准备创办企业的规模
行业类型和发展前景
企业主或投资者的数量
创业资金的多少
国家相关优惠政策
企业的义务和应承担的责任
创业者的价值观念

第六步　企业的法律环境和责任

你已经选择了企业的法律形态，现在需要了解你的企业的法律环境和你要承担的企业责任。所有创业者都要按照国家法律的规定开办和经营企业，并承担相应的企业责任。你的企业只有进行了工商登记注册，才能受到国家法律的保护。

在这一步，你将学习作为一名企业主应具备的企业责任知识，你还将了解有关保险的知识。通过这些知识的学习，你可以降低企业经营风险。

一、了解企业的法律环境

国家法律法规是规范公民和企业经济行为的准则，具有权威性、强制性、公平性。

在开办和经营企业的过程中，你要自觉树立“学法、知法、懂法、守法、用法”的观念，保证自己的企业合法、有序的经营和发展。

我国制定的法律很多，你不必了解这些法律的所有内容，只要知道与创办企业有直接关系的那些法律及其关键内容即可。

与创办企业直接相关的基本法律及其相关内容如下：

相关法律	相关内容
企业法	《公司法》《个人独资企业法》《合伙企业法》《个体工商户条例》《中外合作经营企业法》《中外合资经营企业法》《乡镇企业法》等
《民法通则》	个体工商户、农村承包经营户，个人合伙，企业法人，联营，代理，财产所有权和与财产所有权有关的财产权、债权、知识产权、民事责任等
《合同法》	合同的订立、效力、履行、变更和转让，权利义务终止，违约责任等。具体合同主要包括买卖合同、赠与合同、借款合同、租赁合同、运输合同、技术合同、建设工程合同、委托合同等
《劳动法》	促进就业、劳动合同和集体合同、工作时间和休息休假、工资、劳动安全卫生、女职工和未成年工特殊保护、职业培训、社会保险和福利、劳动争议、监督检查等
《劳动合同法》	劳动合同的订立、劳动合同的履行和变更、劳动合同的解除和终止、特别规定（集体合同、劳务派遣、非全日制用工）、监督检查、法律责任等

此外，与企业相关的法律还有会计法、税收征收管理法、产品质量法、消费者权益保护法、反不正当竞争法、保险法、环境保护法、就业促进法、食品安全法等。

二、明确你要承担的企业责任

创业者要知道法律既对你的企业有约束的一面（规范企业活动），也会给你的企业以保护（保护企业的正当权益）。遵纪守法的企业将赢得客户的信任、供应商的合作、员工的信赖、政府的支持，甚至会赢得竞争对手的尊重，从而为自己营造一个良好的生存发展空间。

1. 工商登记注册

新办企业必须有一个明确的合法身份，就像企业的“**户口**”一样。我国法律规定，新办企业要经工商行政管理部门核准登记，领取营业执照。

营业执照是企业主依照法定程序申请的规定企业经营范围等内容的书面凭证。企业只有领取了营业执照，才算是有了“正式户口”般的合法身份，才可以开展各项法定的经营业务。

小微企业工商登记注册的一般流程如下。

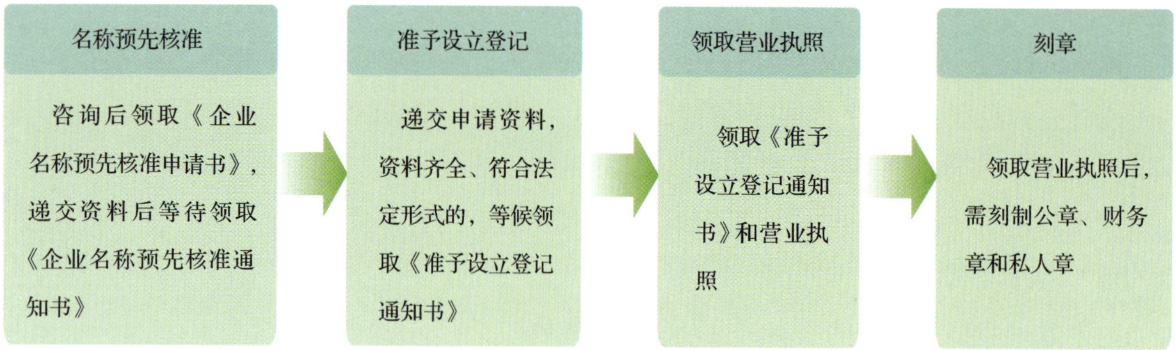

小微企业在工商登记注册过程中，应注意以下事项。

- 企业名称预先核准：为你的企业取名时，应注意不能重名、侵权、违规。你可以预先准备至少 5 个企业名称，以备工商登记注册机关在一定时间和范围内核查。
- 企业名称预先核准需递交的资料：申请人的身份证明、填写《企业名称预先核准申请书》、法规及政策规定需要提交的文件和证明。
- 办理营业执照需递交的资料：申请人签署的个体开业登记申请表、从业人员证明、经营场所证明、家庭成员关系证明、从业人员照片（1 张）。
- 行政许可：经营特殊行业的，必须在获得经营许可后，才可以继续办理工商登记注册。
- 对于企业工商登记注册，从 2016 年 10 月 1 日起，我国全面实施“五证合一、一照一码”登记制度，企业无须再单独办理组织机构代码证、税务登记证、社会保险登记证、统计登记证，只需办理加载统一社会信用代码的营业执照即可。
- 对于个体工商户工商注册登记，从 2016 年 12 月 1 日起，我国将个体工商户登记时依次申请，分别由工商部门核发营业执照、税务部门核发税务登记证，改为一次申请并由工商部门核发“两证合一”的营业执照。

黄亮和李燕的创业故事（二十）：营业执照

黄亮和李燕到当地的工商局咨询注册登记有限责任公司及申领营业执照的手续。接待人员告诉他们，现在国家鼓励自主创业，个人或家庭办企业的越来越多，注册登记有限责任公司的手续也比较简单了。申办人只需要携带《新设企业五证合一登记申请表》及相关资料前往行政审批大厅多证合一窗口，就能办理注册登记的全部手续。

为了让黄亮和李燕进一步了解如何办证，接待人员给了他们一份材料清单和一份“公司章程”范本，并特别叮嘱说“公司章程”非常重要，要用心填写。

黄亮和李燕按清单上的材料要求逐一核实，所有股东身份证复印件、股东会决议、财务负责人房产证复印件、房屋租赁合同等材料都比较好准备，只是“公司章程”的填写还需要向专业人士请教后才能完成。

创业小贴士

公司章程是指公司依法制定的规定公司名称、住所、注册资本、经营范围、股东权益、决策机制、经营管理制度等重大事件的基本文件，也是公司必备的规定公司组织及活动基本规则的书面文件。公司章程是股东共同一致的意思表示，载明了公司组织和活动的基本准则，是公司的宪章。公司章程具有法定性、真实性、自制性和公开性的基本特征。公司章程与《公司法》一样，共同肩负调整公司活动的责任。作为公司组织与行为的基本准则，公司章程的建立及运营具有十分重要的意义，它是公司成立的基础，更是公司赖以生存的灵魂。

2. 依法纳税

依法纳税是公民和企业应尽的义务和责任。我国税法规定，所有企业都要报税和纳税。与企业和企业主有关的主要税种有：

- 增值税。
- 企业所得税。
- 个人所得税。
- 城市维护建设税。
- 教育费附加。

……

社会经济活动是一个连续运动、生生不息的过程：生产—流通—分配—消费。国家对生产流通环节征收的税种称为流转税，它是以销售收入为对象征收的一种税，如增值税等；对分配环节征收的税种称为所得税，它是以企业生产经营所得和个人收益为对象征收的一种税，如企业所得税、个人所得税。此外，还有以流转税为基础征收的附加税费，如城市维护建设税、教育费附加等。

（1）增值税税率及征收率

根据纳税人的经营范围以及会计核算的健全程度不同，增值税纳税人可以分为小规模纳税人和一般纳税人。

增值税税率有 17%、13%、11%、6% 和零税率五种，适用于一般纳税人。增值税的征收率适用于小规模纳税人和小规模纳税人按简易方法计税的特定项目，统一按 3% 计征。

增值税税率及征收率

税目	适用税率 / 征收率
销售货物或者提供加工、修理修配劳务以及进口货物，提供有形动产租赁服务	税率 17%
销售或进口粮食、食用植物油；暖气、冷气、热水、煤气、石油液化气、天然气、沼气、居民用煤炭制品；图书、报纸、杂志，农产品、饲料、化肥、农药、农机、农膜等	税率 13%
提供交通运输、邮政、基础电信、建筑、不动产租赁服务，销售不动产，转让土地使用权	税率 11%
提供现代服务业服务（有形动产租赁服务除外）、金融服务、增值电信服务	税率 6%
报关出口货物或跨境提供应税服务	零税率
小规模纳税人发生应税行为 一般纳税人按简易方法计税的特定项目，如公共交通运输服务、电影放映服务、仓储服务、装卸搬运服务和收派服务等 [以上税目的计税公式： 应纳增值税额＝销售净收入 × 征收率 销售净收入＝含税销售收入 ÷（1＋征收率）]	征收率 3%

（2）企业所得税和个人所得税税率

企业所得税税率分为法定税率和优惠税率：法定税率为25%；优惠税率分别为小型微利企业20%，国家需要重点扶持的高新技术企业15%。

国家对个体工商户、个人独资企业和合伙企业的投资者，不征收企业所得税，而按5%~35%的超额累进税率征收个人所得税。

（3）附加税费税率

城市维护建设税以流转税为基础，纳税人所在地在市区的，税率为7%；纳税人所在地在县城、镇的，税率为5%；纳税人所在地不在市区、县城或镇的，税率为1%。

教育费附加税率为3%。

创业小贴士

要计算你的企业应缴纳的各种税金，必须正确判断你的企业类型，明确你的企业是一般纳税人还是小规模纳税人，是定期定额（征收定额税）征收还是查账征收等，是按年缴纳还是按季预缴年终清算，并依据国家税法和相关规定计算并如期缴纳。

黄亮和李燕的创业故事（二十一）：纳税

黄亮和李燕想规规矩矩办企业，当然也很关心纳税对企业和个人收入有多大影响。他们想弄明白自己的企业到底应该怎么纳税，纳多少税。他们先在网上查了一下相关政策和信息，为了准确，他们打算去税务局打听清楚。

税务局接待人员了解到他们的情况后回答说，他们的企业属于制造企业的小规模纳税人，主要缴纳增值税和企业所得税，当然还要缴纳以增值税为基数的城市维护建设税和教育费附加等。由于计算比较复杂，接待人员做了简化处理，建议他们掌握两种税的基本计算方法：

（1）增值税按月（或季）征收，征收率为3%。

$$应纳增值税额 = 含税销售收入 \div (1 + 征收率) \times 征收率$$

（2）企业所得税按年缴纳，它以企业年利润为应纳税所得额，按规定税率计征。

应纳企业所得税额 = 应纳税所得额 × 适用税率

税务局接待人员根据黄亮和李燕所述的企业情况，认定他们的企业为小型微利企业，适用企业所得税税率为20%，且可以享受减半征收的优惠政策。

黄亮和李燕基本上听明白了。但他们还想知道，对于其他那些税种，他们要缴纳多少，缴纳这些税对他们收入的影响有多大。接待人员回答说："请放心，数额很小。"

城市维护建设税：按增值税额的5%缴纳。

教育费附加：按增值税额的3%缴纳，而且他们还可以享受免征政策。

从税务局出来后，黄亮和李燕觉得自己对纳税问题有了一个基本概念，但还有很多问题没有解决：增值税到底是什么？要取表吗？由谁负责计算？向哪儿报？缴给谁？多久缴一次？几种税费都在同一个地方缴还是要跑几个地方？他俩决定过几天再来税务局详细咨询一下。

创业小贴士

随着经济的发展，国家还会出台更多的关于企业注册、税收等方面的政策，创业者可以登录相关网站及时关注相关政策的变化。

做第98页的练习33，确定你的企业应缴纳的税金。

3. 尊重员工的合法权益

企业竞争力的一个关键影响因素是员工的素质和积极性。在劳动力流动加快和竞争加剧的形势下，优秀的劳动者越来越成为劳动力市场上炙手可热的重要资源。所以，你从创业之初就要特别重视以下四个方面的问题。

（1）订立劳动合同

劳动合同是劳动者与企业签订的确立劳动关系、明确双方权利和义务的协议。劳动合同对双方都产生约束力，不仅保护劳动者的利益，也保护企业的利益，它是解决劳动争议的法律依据，你绝对不能嫌麻烦或者为了眼前的小利而设法逃避签订劳动合同。

劳动合同的基本内容包括：

- 工作内容和工作地点。
- 工作时间和休息休假（法定工作时间和年假、病假、事假等）。
- 劳动保护和劳动条件。
- 劳动报酬（工资形式、标准工资、奖金、津贴、加班工资等）。
- 社会保险和福利待遇。
- 劳动合同的变更、解除、终止、续订。
- 其他约定条款。

在劳动合同中，用人单位与劳动者除约定上述基本内容外，还可以约定试用期、培训、保守秘密等其他事项。

一般来说，各地都有统一的劳动合同文本，有关信息可以从当地人力资源社会保障部门获取。

（2）劳动保护和劳动条件

尽管创业初期资金紧张，但是企业仍然要尽量创造良好的工作条件，防止发生工伤事故和职业病，做好危险品和有毒物品的使用和储存工作，改善声、光、气、温、行、居等条件，以保证员工的人身安全并提高他们的工作积极性和工作效率。

黄亮和李燕的创业故事（二十二）：劳动条件

黄亮和李燕租房开办企业，所有工作都要自己干，自然明白身体健康的重要性。一旦有人生病，企业就会受到很大的影响。所以，他们一定要配备较好的工作条件，这对自己和工人的身体健康都很重要。李燕心细，体贴丈夫，在生产车间的装修和布置方面提出了许多意见和建议。

他们征得了房主的同意，计划在院内搭建一个结实的工棚，在工棚的棚顶和厂房的侧壁开几扇玻璃窗，保证工棚有较好的自然采光；在工棚内多安装几盏电灯，这样，即使外面的光线暗了，照样可以干活，保护工人的视力。工人干活时常要打开门窗通风，因此大门应朝东开，这样就不怕冬天刮西北风了。冬天，工棚大门要挂棉门帘，棚内安烟囱生煤炉取暖。桌椅、工作台的高矮要调配好，避免工人干活时驼背。为了安全，他们计划按消防要求配备灭火器等消防器材。平时物料和工具码放要整齐，防止工人被绊倒。成品应放在包装箱里，摆放整齐。包装箱的大小要适宜，最多装10千克，防止工人搬运时扭伤腰背。

记住

关于企业劳动条件的各方面要求，你要主动查询国家相关部门的具体规定，一定要按要求承担企业主的责任，以降低企业的潜在风险。

做第99页的练习34，确定你的企业的劳动条件。

（3）劳动报酬

劳动合同中有关劳动报酬的约定要符合我国有关最低工资标准的规定，并且必须按时以货币形式发放给劳动者本人。有关最低工资标准的规定可以从当地人力资源社会保障部门获得。另外，你还要知道我国法律对于加班工资报酬的规定。

- 安排劳动者延长工作时间的，应支付不低于劳动者工资150%的工资报酬。
- 休息日安排劳动者工作又不能安排补休的，应支付不低于劳动者工资200%的工资报酬。
- 法定休假日安排劳动者工作的，应支付不低于劳动者工资300%的工资报酬。

（4）社会保险

社会保险是通过国家立法强制实行的，由劳动者、企业或社区、国家三方共同筹资，建立保险基金，在劳动者因年老、工伤、疾病、生育、残疾、失业、死亡等原因丧失劳动能力或暂时失去工作时，给予劳动者本人或供养直系亲属物质帮助的一种社会保障制度。

我国社会保险法规定，国家建立基本养老保险、基本医疗保险、失业保险、工伤保险和生育保险等社会保险制度，用人单位和个人依法缴纳社会保险费，其中前三项保险由单位和职工共同缴费，后两项保险仅由单位缴费。

记住

一家企业如果不能为员工办理起码的社会保险，将很难吸引和留住管理和技术人才。企业主对此一定要高度重视。

办理社会保险的具体程序和要求，可向当地人力资源社会保障部门咨询。请你履行企业主的职责，主动去查询有关规定。

三、选择企业的商业保险

商业保险是保险公司通过与企业或个人订立保险合同，以赢利为目的转嫁企业或个人风险的保险形式。经营企业总会有风险，各类企业所面临的风险各异，并非所有的企业风险都需要投保。例如，产品需求下降这种企业最基本的风险，就只能由企业自己承担，而有些风险则可以通过购买保险来应对。

企业购买保险，一旦发生问题，企业和员工的利益可以得到一定的经济保障。有的企业主为了省钱而不办保险，其实是很失策的。如果一家企业没购买保险，那么其贵重设备被盗或是发生了火灾，损失就要全部由企业自己承担。

商业保险通常分为财产保险、人寿保险和健康保险。

➢ 财产保险——主要包括机动车保险、企业财产保险、家庭财产保险、船舶保险、责任保险、保证保险、货物运输保险、意外伤害险、农业保险、工程保险、信用保险等。

➢ 人寿保险和健康保险——主要包括疾病保险、医疗保险（普通医疗保险、意外伤害医疗保险、住院医疗保险、手术医疗保险、特种疾病医疗保险等）、失能保险等。

黄亮和李燕的创业故事（二十三）：办理保险

黄亮和李燕在原单位都参加了社会保险，现在自己要注册开办企业，应如何办理保险？他们到当地行政审批大厅社会保险窗口咨询了解到，由于他俩的原单位和所创办的企业在同一地区，所以他俩只需要将原单位办理的社会保险转到新办企业，办理过户手续后继续按月缴费即可。夫妻俩商量之后决定继续缴纳城镇职工养老、医疗、失业、工伤和生育保险，他们了解到，新办企业可以按当地上一年度社会平均工资 54 454 元的 60% 计算缴费基数，社会保险各险种每月应由企业缴纳的金额计算如下：

- 养老保险 =2 723×20%=544.60（元）
- 医疗保险 =2 723×8%=217.84（元）
- 失业保险 =2 723×2%=54.46（元）
- 工伤保险 =2 723×0.5%=13.62（元）
- 生育保险 =2 723×0.7%=19.06（元）

黄亮和李燕第一年应缴纳的社会保险费 =849.58×12×2=20 389.92（元）

此外，为了预防企业财产的意外损失，黄亮和李燕还计划为企业办理财产保险。他们生产朱砂泥工艺品采用的是冷塑工艺，不用烧结窑，但要大量储存羊毛、胶料等原材料和成品，还有新搭建的工棚以及生产工具设备等，万一发生火灾，损失就大了。所以，李燕到保险公司咨询，保险公司核定他们企业的投保额为 20 万元，按投保财产险的基本险、综合险和一切险的平均费率 1.2‰计算，企业年缴纳财产保险费应为 240 元。

你要根据自己企业的情况决定投保哪些险种。一般来讲，从专门为小微企业提供法律事务咨询服务的政府或非政府机构那里都能得到有关保险的信息，你也可以从当地保险公司那里得到报价。

记住

保险公司往往会设法一揽子出售他们很多种保险，最明智的做法是比较并核实从各种渠道获得的信息，为你的企业购买最适当的保险。

做第 102 页的练习 35，确定你的企业的保险需要。

小结

作为一名企业主，你的企业要承担相应的法律责任。法律责任包括工商登记注册、依法纳税、尊重员工的合法权益等。履行了企业主的法律责任，你的企业才可能成功。

同时，你应该考虑将保险作为一种应对部分经营风险的手段，但不是所有的项目都需要办理保险。

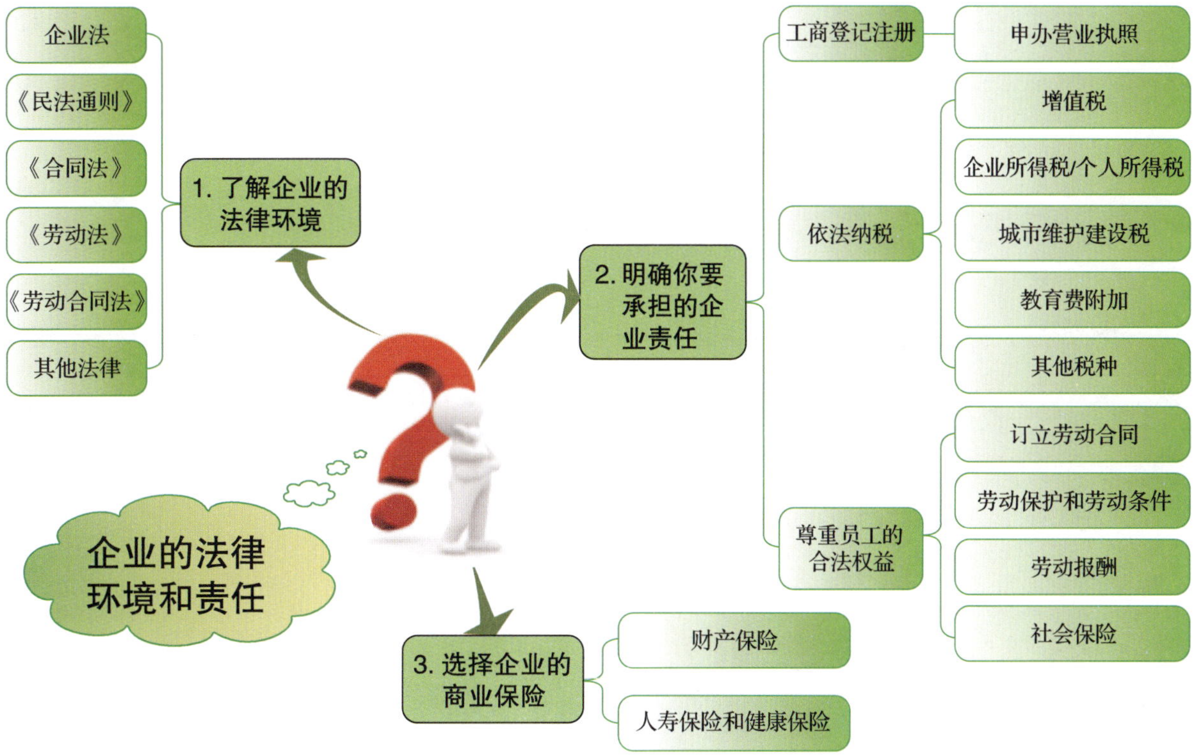

第七步　预测你的启动资金

至此，你已经针对你的顾客制订了市场营销计划，你也知道了自己作为企业主的职责，以及对员工的要求。

在这一步，你将学习如何确定开办企业必须购买的物资和必要的其他开支，并测算出所需资金总额。

一、启动资金的分类

启动资金就是开办企业并使其正常运转需要准备的所有资金。启动资金按用途可分为投资和流动资金两大类。

- **投资**：是指你为开办企业而购置的固定资产和无形资产，以及支付开办费和其他投资需要的资金。开办企业时投资是必需的，不同企业的投资是不同的。有的企业用很少的投资就能开办，而有的企业却需要大量的投资才能启动。明智的做法是，把必要的投资降到最低限度，让企业少担风险。
- **流动资金**：是指企业维持日常运转所需要准备的资金。

黄亮和李燕的创业故事（二十四）：启动资金

黄亮和李燕觉得计算启动资金需求比较复杂，所以把这项工作分成两步，先将需要购买的东西和要支付的费用分类列表，再具体算钱。

投资:

搭建工棚，购买桌椅、消防器材、办公家具、工具及配件、晾晒架、工作台、三轮车、计算机以及开办费等。

流动资金:

- 购买原材料（朱砂泥、羊毛、胶料、颜料等）和包装材料的费用。

- 工资。
- 租金。
- 保险费。
- 水电费、维修费、电话费、宽带费、办公用品购置费、招待费等。
- 不可预见费。

二、投资预测

你投资需要资金。开办企业时，你必须有这笔钱，而且可能要等企业挣足钱后你才能收回这笔投资。因此，在开办企业之前，你有必要预算一下开办企业到底需要多少资金。

你的投资一般可分为固定资产、无形资产、开办费和其他投资四类。

1. 固定资产

固定资产是指企业购置的价值较高、使用寿命较长的资产，如厂房、设备等。

（1）企业用地和建筑

开办企业需要有适宜的场地和建筑，也许是用来开办工厂的整个建筑，也许只是一个铺面。如果你能在家工作，就能减少投资。在前面谈到营业地点问题时，你已经决定在哪里开办你的企业，现在要进一步看你的企业具体需要什么样的场地和建筑等。如需要，你可以返回去修改练习 25（第 87 页）中的地点。

在弄清需要什么样的场地和建筑等后，你要做出以下选择：

- 造新的建筑。
- 买现成的建筑。

➢ 造房——如果你的企业对场地和建筑有特殊要求，最好造自己的房子，但这需要大量的资金和时间。

➢ 买房——如果你能在理想的地点找到合适的建筑，那么现成的建筑既简便又快捷。但现成的建筑往往需要经过改造才能满足企业的需要，这也需要花费你大量的资金。

（2）设备

设备是指你的企业需要的所有机器、机械、工具、车辆、办公家具等。对于制造商和一些服务企业，它们最需要的往往是设备。一些企业需要在设备方面投入大量资金，因此，弄清企业需要什么设备并选择正确的设备类型非常重要。即便你的企业只需要少量设备，你也要慎重考虑确实需要哪些设备，并把它们写入创业计划书。

2. 无形资产

无形资产是指企业长期使用的、不具有实物形态但能带来经济收益的资产，如特许经营权、商标权、专利权、土地使用权、大型软件等。

无形资产是企业的一种特殊资产，在法律规定范围内，企业对无形资产享有占有、使用、收益的处置权利。企业在预测无形资产之前，首先应考虑所购买的无形资产的合法性；其次要确认清楚无形资产的法定有效期，以及评估和计价的法律依据。

3. 开办费

开办费是指企业在筹建期间发生的各项费用，包括培训费、差旅费、印刷费、注册登记费以及不计入固定资产和无形资产价值的借款费用等。

4. 其他投资

除上述投资外，开办企业还可能发生一次性装修费、转让费等支出。

创业小贴士

值得注意的是，企业在预测开办费和其他投资时，要尽可能涵盖各类项目的支出，并且要留有余地。此外，这里有关启动资金的分类主要从便于小微企业创办者理解和区分的角度考虑，并不是严格按照财务管理课程中的会计科目进行的分类。

黄亮和李燕的创业故事（二十五）：投资预测

黄亮和李燕租的这套厂房价格比较便宜，但除房租外，他们还需要投入不少资金，具体需要多少，要仔细算一算。

项目	费用（元）
购置器具、工具和家具：	
搭建工棚	5 000
桌椅	700
消防器材	200
办公家具	1 800
工具及配件	2 260
晾晒架	3 000
3 个工作台	6 000
购置交通工具：	
三轮车	6 000
购置电子设备：	
计算机	2 700
开办费：	
市场调查费、咨询费	2 000
培训费、技术资料费	1 600
其他投资：	
前期装修费	10 200
投资总额	41 460

根据上述计算，黄亮和李燕需要投资的总额是 41460 元，包括固定资产投入 27660 元、开办费 3600 元、其他投入 10200 元。

三、流动资金预测

一般情况下，你的企业开业后要经营一段时间才能有足够的销售收入。制造企业在销售之前必须先把产品生产出来；服务企业在开始提供服务之前要买材料和办公用品；贸易企业在卖货之前必须先采购货品；农、林、牧、渔企业则需要更长的时间才能获得回报，所以需要更多的资金投入。所有企业要想获得理想的销售收入，必须花时间、精力、资金进行推广。总之，你需要流动资金支付以下费用：

- 购买并储存原材料和商品的费用。
- 促销费。
- 工资。
- 租金。
- 保险费。
- 其他费用。

不同的企业所需的流动资金也不同。有的企业需要足够的流动资金来支付 6 个月的费用，也有的企业只需要支付 3 个月的费用。你必须预测并计算，在获得销售收入之前，你的企业能够支撑多久。有些费用你需要按照实际发生额来计算，比如有些保险费是要按年度来支付的。一般而言，刚开始的时候销售并不乐观，因此，你的流动资金要计划得更宽裕一些。

在第八步中，你将为企业制订一份现金流量计划。它会帮助你更准确地预测你所需要的流动资金，等你做完那份计划之后，你可能还得回来更改启动资金里的流动资金额。

1. 购买并储存原材料和商品的费用

制造商生产产品需要原材料，服务企业的经营者也需要些材料，零售商和批发商需要储存商品来出售。你预计的库存越多，需要用于采购的流动资金就越多，因此，你应该将库存降到最低限度。

如果你是制造商，你必须预测你的生产需要多少原材料库存，这样你就可以计算出在获得销售收入之前你需要多少流动资金。如果你是服务商，你必须预测在顾客付款之前，你提供服务需要多少材料库存。如果你是零售商和批发商，你必须预测在开始营业之前需要多少商品存货。

记住

如果你的企业允许赊账，资金回收的时间就会更长，你就需要更多的流动资金来保证最低库存。

2. 促销费

新企业开业后，往往需要促销自己的产品或服务，而组织促销活动是需要流动资金的。在第三步中，你已经做了促销计划并预算了促销费用。

3. 工资

如果你雇用员工，在起步阶段你就要支付给他们工资。另外，你还要以工资方式支付自己家庭的生活费用。计算流动资金时，你要计算用于发工资的钱，通常用每月工资总额乘以还没达到收支平衡的月数就可以计算出来。

4. 租金

如果你计划购买房屋作为经营场所，那么你无须支付租金，购买房屋的费用属于投资范畴。通常情况下，大多数企业为降低资金投入，会采取租赁房屋的形式经营，企业一开始运转就要支付用地用房的租金。你可以用月租金额乘以还没达到收支平衡的月数，计算出流动资金中用于房租的金额。此外，计算时你还要考虑到租金可能一付就是6个月或1年的，会占用更多的流动资金。

在第三步中，你已经选择了开办企业的地点。

5. 保险费

同样，企业一开始运转，就要选择必要的保险并支付保险费，这也需要从流动资金中支出。在第六步中，你已经选择了要办理哪些保险并计算了保险费用。

6. 其他费用

企业在经营初期，还要支付其他一些费用，如交通费等。

做第103页的练习36，你将学到更多有关企业启动资金的知识。

黄亮和李燕的创业故事（二十六）：流动资金预测

黄亮和李燕估计，至少经营3个月后企业才能达到收支平衡。因此，他们必须准备出这3个月企业运转的资金。他俩计划这3个月里自己不领工资，但还是把工资计入成本。头3个月家庭生活开支已事先留出，不计入企业成本［参见《创办你的企业——创业意识培训册（第二版）》第8页故事三］。

由于一开始对生产和销售都不十分熟悉，他们当初做的产量和销售量预测比较保守，在头3个月里他们能够分别制作和出售工艺品500件、800件和1000件（参见本教材第17页故事十六）。

为了解一件工艺品的材料消耗，他们调查了各种原材料的价格并试做了一些样品，下面是他们计算出来的头3个月需要的流动资金。

项目	头3个月需要的流动资金（元）
原材料（列出项目）：	17 710
朱砂泥	12 880
羊毛和其他纤维材料	1 610
彩绘原料	3 220
包装费	391
黄亮和李燕的工资（每人每月3 500元）	0
租金（全年）	24 000
促销费（每月500元）	1 500
保险费	5 337
维修费（每月200元）	600
水电费（每月300元）	900
电话费（每月200元）	600
宽带费（全年）	600
办公用品购置费（每月100元）	300
其他费用（每月100元）	300
流动资金总额	52 238

根据上述计算，他们头3个月所需的流动资金总额是52238元。那么，他们开办企业所需要的启动资金总额＝投资总额＋流动资金总额＝41460+52238=93698元（投资总额参见本教材第46页故事二十五）。这个数额远远超过他们能投入的47000元［参见《创办你的企业——创业意识培训册（第二版）》第8页故事三］。

他们觉得这个数字不大对，流动资金的算法可能有问题：第一，两人头3个月的确不领每人每月3 500元工资，但其是否应作为流动资金预测中的一项；第二，这是在假设头3个月没有任何销售收入的情况下计算出的结果，只有出没有进，不能体现资金流动情况；第三，原材料的预测可能不宽裕；第四，有些费用可能被遗漏。在以后做现金流量计划时，他们会尽量做得更加完整和准确，以便最终确定流动资金需要量和启动资金总额（参见本教材第63页故事三十二、第67页故事三十三）。

做第 104 页的练习 37 和第 105 页的练习 38，预测企业的启动资金。

小结

计划开办一家企业时，你要计算一下需要的启动资金总额，这笔钱将用于以下两个方面：

投资：是指你为开办企业而购置的固定资产和无形资产，以及支付开办费和其他投入的资金总和。

流动资金：是指企业日常运转所需要支出的资金。一般来说，为保证预测流动资金需求量更加准确，必须制订一份现金流量计划，下一步将介绍怎样制订现金流量计划。

第八步　制订你的利润计划

至此，你应该对自己的企业构思更有信心了。因为你已经衡量了你的企业构思，了解了你的市场，预测了你的销售量，计算了你需要的启动资金。

在这一步，你要特别关注你的企业是否赚钱的问题，你将做出以下决策：

- 制定销售价格——你卖给顾客的产品或服务，需要顾客付多少钱。
- 预测销售收入——销售一段时间（至少6个月）后，你的企业能够收到多少钱。
- 制订销售与成本计划——看看你的企业是挣钱，还是赔钱。
- 制订现金流量计划——你是否有足够的资金保证企业正常运转。

一般来说，成本是制定价格的基础，价格是预测收入的基础，收入是计算利润的基础，资金是企业运转的保证。

一、制定销售价格

在制定产品或服务的销售价格之前，你要计算出你为顾客提供产品或服务所发生的成本。成本是生产产品或提供服务所发生的各项费用。每个企业都会有成本。作为企业主，你必须详细了解企业的经营成本。

很多企业就是因为没有能力控制好企业的经营成本而陷入了财务困境。一旦成本大于收入，企业就会亏损，长期亏损对企业资金链的危害很大，企业可能会面临倒闭的风险。

在第三步制订你的市场营销计划时，你已经初步确定你的产品或服务的销售价格水平。现在，你要更准确地制定你的产品或服务的销售价格，主要有以下两种方法。

1. 成本加成定价法

将生产某种产品或提供某项服务而发生的费用均计入成本的范围，将成本加起来，就可以计算出单位产品或服务总成本，在单位产品或服务总成本的基础上加上一定的利润即可得出销售价格。利润的多少通常依据一定的成本利润率计算。确定合理的成本利润率非常关键，你必须综合考虑市场环境、行业特点等多种因素。这种方法尤其适用于制造企业和服务企业。

如果你的企业经营有效，成本不高，用这种方法制定的销售价格在当地应该是具有竞争力的。但是，如果你的企业经营不好，你的成本可能会比竞争对手高，这就意味着你用成本加成定价法制定的价格会偏高，不具有竞争力。

那么，怎样具体计算单位产品或服务的成本呢？

- 首先，你要了解自己生产产品或提供服务的成本构成。
- 其次，你要预测折旧和摊销。
- 最后，计算出单位产品或服务的成本。

（1）了解自己生产产品或提供服务的成本构成

对于一家新企业来说，预测成本绝不是一件容易的事，最好的方法是参照一家同类企业，了解该企业计算了哪些成本。你在第七步中预测你的企业启动资金时，已经对这些成本有所了解。下面列出的是企业常见的成本项目。

- 原材料（或商品）
- 包装费
- 工资和员工福利
- 租金
- 促销费
- 保险费
- 维修费
- 水电费
- 电话费
- 办公用品购置费
- 手续费
- 借款利息
- 宽带费
- 差旅费
- 业务招待费
- 运输费
- 咨询费（律师和会计事务）
- 折旧和摊销

所有企业的成本都有固定成本和变动成本两种。固定成本在一定时间范围和业务范围内是不变的，如租金、保险费、折旧和摊销等。变动成本在一定时间范围和业务范围内会随着生产量或销售量的起伏而变化，如材料费等。

对于制造企业或服务企业来说，与生产产品或提供服务有直接关系的成本属于变动成本。例如，一个面包师要购买诸如面粉、酵母和牛奶等原料做面包；一个零售商要购买用于再出售的商品；一家食品店要购买存货，如饮料和饼干等。

预测成本时，你必须认真区分固定成本和变动成本。你的材料成本永远属于变动成本。如果还有其他变动成本，你必须知道这些成本是怎样随着生产量或销售量的起伏而变化的。

（2）折旧和摊销也是一种成本

折旧是由于固定资产在使用过程中不断贬值而产生的一种成本，如机器、工具和车辆等的折旧。折旧虽然不是企业的现金支出，但仍然是一种成本。

由于折旧是针对固定资产而做的，因此，你只需要计算固定资产（有较高价值和有较长使用寿命的资产）的折旧价值。在大多数小微企业里，能够折旧的物品为数不多。

以下是我国税法规定的不同类型固定资产折旧的最低年限，适用于大多数小微企业。

固定资产类型	折旧的最低年限（年）
房屋、建筑物	20
机器、机械和其他生产设备	10
器具、工具和家具	5
飞机、火车、轮船以外的运输工具	4
电子设备	3

创业小贴士

我国税法规定的折旧年限，只是各种类型固定资产的最低折旧年限，企业可以根据固定资产的属性和使用情况，在比规定的最低折旧年限更长的时限内计提折旧。

摊销是除固定资产外，其他长期使用的资产按照其使用年限每年分摊的一种成本，与固定资产折旧相似，如无形资产摊销、装修费摊销等。

黄亮和李燕的创业故事（二十七）：预测折旧和摊销

黄亮和李燕分析了一下，他们开办的企业中可以进行折旧的固定资产实在不多，就是新搭建的工棚和一些工具、桌椅及工作台等，因为使用寿命不一样，它们的折旧年限也不一样。他们认为，花 5 000 元搭建的工棚不出 5 年准得拆掉，因而工棚应该按 5 年折旧；而工棚里面的桌椅、消防器材、办公家具，一共花费 2 700 元，5 年后也要更换，也应该按 5 年折旧；工作台、晾晒架和工具等花费 11 260 元，损耗大，估计使用 5 年也要报废了；三轮车花费 6 000 元，估计 4 年报废；电子产品更新快，办公用的计算机花费 2 700 元，可以按 3 年折旧。另外，他们听说装修费也能按这种办法摊进成本，他们商量后将装修费定为 5 年回收。

工棚、家具、工具折旧费 =（5 000 + 2 700 + 11 260）÷ 60 =18 960 ÷ 60=316（元 / 月）

交通工具（三轮车）折旧费 =6 000 ÷ 48=125（元 / 月）

办公用计算机折旧费 =2 700 ÷ 36=75（元 / 月）

前期装修费摊销 =10 200÷60=170（元 / 月）

这样，第一年计提的固定资产折旧费和前期装修费摊销为 686 元 / 月。这是根据自己企业实际预测的折旧期，对于开办费的处理采用了一次性计入成本，不作摊销。他们不知道是否合理，决定去税务局咨询。

税务局接待人员告诉他们，他们对于折旧年限的计算是正确的，在做企业计划时，这样处理折旧和摊销也是可行的。另外，现行税法还规定企业应对固定资产预计残值，对开办费可以选择在经营当年一次性计入成本或在不短于 3 年期限内摊销。

做第 108 页的练习 39，你将更深刻地体会到估算折旧成本对企业的重要意义。

（3）计算单位产品或服务的成本

你要计算出你生产产品或提供服务的月总成本，再除以当月生产的产品数量，就能得出你生产产品或提供服务的单位成本。

黄亮和李燕的创业故事（二十八）：预测一件工艺品的成本

作为负责技术和生产的企业经理，黄亮要预测出产品的单位成本。黄亮知道这是一项很重要的任务，他在前面已经了解到每件工艺品的工时和材料消耗，在此基础上可以推算出批量生产的成本。此外，他还对竞争对手的产品成本进行了分析比较。经计算，黄亮得出正常情况下一个月生产 1 500 件工艺品的总成本如下：

项目	金额（元）
原材料（列出项目）： 朱砂泥 羊毛和其他纤维材料 彩绘原料	11 550 8 400 1 050 2 100
包装费	255
经理工资	3 500
员工工资	3 500
租金	2 000
促销费	500
保险费	1 719
维修费	200
水电费	300
电话费	200
宽带费	50
办公用品购置费	100
其他费用	100
折旧和摊销	686
月成本合计	24 660

工艺品单位成本 = 当月总成本 ÷ 工艺品产量 =24 660 ÷ 1 500 ≈ 16.44（元）

黄亮和李燕决定按 32% 的成本利润率制定销售价格。

不含增值税的出厂单价 =16.44 ×（1+32%）≈ 21.70（元）

含增值税的出厂单价 =21.70 ×（1+3%）≈ 22.35（元）

当初他们做市场调查时认为批发价应定在不高于 24 元的水平上，与实际计算结果基本吻合。但在计算不含税出厂单价时，尚未考虑开办费和附加税费等因素。

创业小贴士

采用成本加成定价法计算价格时，对成本的确定是在假设销售量达到某一水平的基础上进行的。因此，若产品或服务销售出现困难，则预期利润很难实现。

做第109页的练习40，你将学到更多有关成本和销售价格的知识。

2. 竞争参照定价法

竞争参照定价法是确定价格的另外一种方法。它是指根据不同的竞争环境，参照竞争对手的价格，并以此为基准价来确定本企业产品或服务的价格，看看你所定的价格是不是具有竞争力。

实际上，你可以同时用成本加成定价法和竞争参照定价法这两种方法来制定价格。一方面，你要严格核算产品或服务的成本，保证定价高于成本；另一方面，你要随时观察竞争对手的价格，并与之比较，以保证你的价格有竞争力。

记住

要比较同类价格，例如不要拿制造商的销售价格和商店的零售价格进行比较。

黄亮和李燕的创业故事（二十九）：竞争价格比较

黄亮和李燕生产的朱砂泥工艺品的价格在旅游景区同类产品销售市场中要有竞争力才好卖。他们进行市场调查时了解到，类似产品大部分的零售价格为29~33元，如果他们生产的产品零售价格定在28元左右就比较容易进入市场。而他们预计生产的工艺品的式样要比竞争对手的新颖，如果商贩一件卖28元，以批发价格22.35元推算，商贩还有20%的销售毛利率。

销售毛利率 =（28−22.35）÷ 28 ≈ 20%

如果卖贵一点则毛利率更高，商贩会更有积极性去推销。他们当初采用的成本加成定价法和现在采用的竞争参照定价法得出的结果是吻合的。

记住

在做定价时，有一件事对你来说可能是难以预料的，也就是你的竞争对手对你这家企业的反应。有时，当一家新企业进入市场时，竞争对手的反应是很激烈的。他们也许会压低价格，使新企业难以立足。所以，即使你的企业计划做得很完备，也总会面临一些难以预期的风险。

做第110页的练习41，制定你的产品或服务的销售价格。

创业小贴士

企业不仅要根据不同的定价目标，选择成本加成定价法、竞争参照定价法等不同的定价方法，还要根据复杂的市场情况，采用灵活多变的方式确定产品的价格。例如，新产品可采用撇脂定价或渗透定价的策略；为鼓励顾客大量购买或增加淡季销售量可采用现金折扣、数量折扣等折扣定价策略；利用顾客心理因素，采用尾数定价、整数定价、声望性定价、习惯性定价等心理定价策略来满足顾客某一方面的需求；还可根据不同顾客、不同时间和场所来调整产品价格，实行差别定价。

二、预测销售收入

在第三步做市场调查时，你已经对销售量做了预测，现在需要再核实一遍，看看你提出的数字是否切合实际。而且，你要知道一定量的销售能带来多少收入，也就是做好销售收入预测。你可以通过以下步骤来预测销售收入。

- 步骤一：列出你的企业推出的所有产品或产品系列，或所有服务项目。
- 步骤二：预测开业后的每个月（至少6个月）你期望销售的每项产品或服务数量，它来自于你所做的市场调查。

- 步骤三：为你计划销售的每项产品或服务制定销售价格。
- 步骤四：用销售价格乘以月销售量来计算每项产品或服务的月销售收入。

黄亮和李燕的创业故事（三十）：预测销售收入

黄亮和李燕打算3月份开办企业。他们计划正常情况下每月生产并销售1 500件工艺品。但在头3个月，他们计划的产销量要小得多，分别是500件、800件和1 000件。当然，这项计划也有水分。在旅游景点销售工艺品有季节性特点，旅游高峰时卖得多，进入晚秋和冬季会少一些，要靠大力促销才能完成计划。以每件工艺品售价22.35元（含增值税）计。他们预测当年销售收入情况如下：

月份	3月	4月	5月	6月	7月	8月	9月	10月	11月	12月	合计
销售数量（件）	500	800	1 000	1 200	1 600	1 800	1 500	1 500	1 500	1 500	12 900
销售单价（元）	22.35	22.35	22.35	22.35	22.35	22.35	22.35	22.35	22.35	22.35	22.35
含税销售收入（元）	11 175	17 880	22 350	26 820	35 760	40 230	33 525	33 525	33 525	33 525	288 315

记住

预测销售量和销售收入是创业计划中非常重要，也是难度较大的部分。大多数人都会过高估计自己的销售量，因此，你在预测销售量和销售收入时不要太乐观，要切合实际。千万要记住，在开办企业的头几个月里，你的销售收入不会太高。

做第111页的练习42，预测你的销售收入。

三、制订销售与成本计划

要掌握企业实际运转情况，仅仅知道自己的销售收入是不够的，你必须计算你的企业是不是有了利润。只有这样，你才能准确地知道你的企业是否赚钱。利润可以通过销售收入减去企业经营成本来计算。

黄亮和李燕的创业故事（三十一）：制订销售与成本计划

黄亮和李燕基于自己所做的成本预测和销售收入预测来制订当年的销售与成本计划。他们降低了计划中头3个月的原材料成本，因为这3个月的生产量和销售量都低于原先估计的每月1 500件。他们还计划在头3个月里不拿工资，但为了准确计算利润，在制订销售与成本计划时工资和折旧费等仍需计入成本，并且他们还将保险费和宽带费等平摊在一年的各月之中。他们制订的销售与成本计划如下：

单位：元

项目 \ 月份		3月	4月	5月	6月	7月	8月	9月	10月	11月	12月	合计
销售	含税销售收入	11 175	17 880	22 350	26 820	35 760	40 230	33 525	33 525	33 525	33 525	288 315
	增值税	—	—	—	—	1 041.55	1 171.75	976.46	976.46	976.46	976.46	6 119.14
	销售净收入	11 175	17 880	22 350	26 820	34 718.45	39 058.25	32 548.54	32 548.54	32 548.54	32 548.54	282 195.86
成本	原材料	3 850	6 160	7 700	9 240	12 320	13 860	11 550	11 550	11 550	11 550	99 330
	包装费	85	136	170	204	272	306	255	255	255	255	2 193
	经理工资	3 500	3 500	3 500	3 500	3 500	3 500	3 500	3 500	3 500	3 500	35 000
	员工工资	3 500	3 500	3 500	3 500	3 500	3 500	3 500	3 500	3 500	3 500	35 000
	租金	2 000	2 000	2 000	2 000	2 000	2 000	2 000	2 000	2 000	2 000	20 000
	促销费	500	500	500	500	500	500	500	500	500	500	5 000
	保险费	1 719	1 719	1 719	1 719	1 719	1 719	1 719	1 719	1 719	1 719	17 190
	维修费	200	200	200	200	200	200	200	200	200	200	2 000
	水电费	300	300	300	300	300	300	300	300	300	300	3 000

续表

项目		3月	4月	5月	6月	7月	8月	9月	10月	11月	12月	合计
成本	电话费	200	200	200	200	200	200	200	200	200	200	2 000
	宽带费	50	50	50	50	50	50	50	50	50	50	500
	办公用品购置费	100	100	100	100	100	100	100	100	100	100	1 000
	其他费用	100	100	100	100	100	100	100	100	100	100	1 000
	开办费	3 600	—	—	—	—	—	—	—	—	—	3 600
	折旧和摊销	686	686	686	686	686	686	686	686	686	686	6 860
	总成本	20 390	19 151	20 725	22 299	25 447	27 021	24 660	24 660	24 660	24 660	233 673
附加税费		—	—	—	—	52.08	58.59	48.82	48.82	48.82	48.82	305.95
利润		-9 215	-1 271	1 625	4 521	9 219.37	11 978.66	7 839.72	7 839.72	7 839.72	7 839.72	48 216.91
企业所得税		—	—	—	—	—	—	—	—	—	—	4 821.69
净利润		—	—	—	—	—	—	—	—	—	—	43 395.22

税金和利润的计算比较复杂，李燕觉得自己做销售与成本计划不同于财务建账，最好是计算简便又能保证数字准确。她专门到税务局咨询了有关增值税减免征收的规定，了解到增值税免税金额需转为营业外收入。李燕在开业后的会计账目中需按此记账，但是制订销售与成本计划时为了计算简便，李燕没有计算增值税免税季度的增值税，这样就不需要结转收入，只要确保利润计算准确即可。下面是他们对于应纳增值税额、附加税费、利润、企业所得税额和净利润的计算方法。

（1）计算增值税额

应纳增值税额 = 含税销售收入 ÷（1+3%）×3%

根据规定，实行按季纳税的小规模纳税人季销售额不超过9万元的，免征增值税。黄亮和李燕的企业在开业当年只有第三季度、第四季度的销售额超过9万元，所以只在这两个季度缴纳增值税即可。

（2）计算附加税费

根据规定，实行按季纳税的纳税人季销售额不超过30万元的，免征教育费附加。黄亮和李燕的企业在开业当年季销售额均在30万元以下，因此不需要缴纳教育费附加，只需缴纳城市维护建设税。

应纳城市维护建设税 = 应纳增值税额 ×5%

（3）计算利润

利润 = 含税销售收入 – 应纳增值税额及附加税费 – 总成本

（4）计算企业所得税额

根据规定，对年应纳税所得额不超过30万元的小型微利企业，其所得减按50%计入应纳税所得额，按20%的税率缴纳企业所得税。黄亮和李燕的企业在开业当年利润远低于30万元，因此可享受减半征税政策。

应纳企业所得税额 = 利润 × 50% × 20%

（5）计算净利润

净利润 = 利润 – 应纳企业所得税额

做第112页的练习43，你将学到更多有关制订销售与成本计划的知识。

在销售与成本计划中，你既能看到销售收入也能看到成本，而且可以清楚地知道你的企业是否赢利。当你计划开办一家企业时，你应该预测第一年中每个月的利润。

做第114页的练习44，制订你的销售与成本计划。

四、制订现金流量计划

现金就像能使企业这台发动机运转的燃料，有些企业主缺乏管理现金流量的能力，导致企业经营中途抛锚。现金流量计划中很明确地显示出每个月预计会有多少现金流入和现金流出。制订现金流量计划将帮助你的企业保持充足的动力，使你的企业在任何时候都不会陷入现金短缺的困境。

大多数企业每天都要收取和支付现金，成功的企业主都要制订现金流量计划。当然，制订现金流量计划绝非易事，会受到很多因素的影响，例如：

- 有些顾客会要求赊账，这样一来，你的企业通常要在几个月后才能收回现金。如果你在制订市场营销计划时已经决定允许赊销，现在，你就要考虑到这个因素。
- 企业采购过程中有时会赊账，以后再付现金，这也会使现金流量计划的制订变得更加复杂。但赊购现象在新企业中不太常见。
- 企业的某些费用是非现金形式的，如设备折旧等，这些项目将不被列入现金流量计划。但是，一旦设备折旧期已过，设备就可能丧失功能，你就必须用现金购买新设备。如果你没有考虑到这个因素，没有提前备足现金，你的企业可能就难以正常运转。

黄亮和李燕的创业故事（三十二）：制订现金流量计划

黄亮和李燕计划2月份搭建工棚、购买工作台和工具等。此外，他们计划将一半产品以赊销方式出售，放账30天，据此制订出现金流量计划。

单位：元

	项目 \ 月份	2月	3月	4月	5月	6月	7月	8月	9月	10月	11月	12月	合计
月初现金		0	5 540	-20 746.5	-15 614	-6 468	-1 426	7 173	20 903	35 876.5	44 148.25	55 769.25	—
现金流入	现金销售	—	5 587.5	8 940	11 175	13 410	17 880	20 115	16 762.5	16 762.5	16 762.5	16 762.5	144 157.5
	赊账销售	—	0	5 587.5	8 940	11 175	13 410	17 880	20 115	16 762.5	16 762.5	16 762.5	127 395
	贷款	—	0	0	0	0	0	0	0	0	0	0	0
	股东投入	47 000	—	—	—	—	—	—	—	—	—	—	47 000
	现金流入合计	47 000	5 587.5	14 527.5	20 115	24 585	31 290	37 995	36 877.5	33 525	33 525	33 525	318 552.5

续表

项目 \ 月份		2月	3月	4月	5月	6月	7月	8月	9月	10月	11月	12月	合计
现金流出	现金采购	—	3 850	6 160	7 700	9 240	12 320	13 860	11 550	11 550	11 550	11 550	99 330
	赊账采购	—	0	0	0	0	0	0	0	0	0	0	0
	包装费	—	85	136	170	204	272	306	255	255	255	255	2 193
	经理工资	—	0	0	0	3 500	3 500	3 500	3 500	3 500	3 500	3 500	24 500
	员工工资	—	0	0	0	3 500	3 500	3 500	3 500	3 500	3 500	3 500	24 500
	租金	—	24 000	—	—	—	—	—	—	—	—	—	24 000
	促销费	—	500	500	500	500	500	500	500	500	500	500	5 000
	保险费	—	1 939	1 699	1 699	1 699	1 699	1 699	1 699	1 699	1 699	1 699	17 230
	维修费	—	200	200	200	200	200	200	200	200	200	200	2 000
	水电费	—	300	300	300	300	300	300	300	300	300	300	3 000
	电话费	—	200	200	200	200	200	200	200	200	200	200	2 000
	宽带费	—	600	—	—	—	—	—	—	—	—	—	600
	办公用品购置费	—	100	100	100	100	100	100	100	100	100	100	1 000
	贷款本息	—	0	0	0	0	0	0	0	0	0	0	0
	其他费用	—	100	100	100	100	100	100	100	100	100	100	1 000
	固定资产投资	27 660	—	—	—	—	—	—	—	—	—	—	27 660
	开办费	3 600	—	—	—	—	—	—	—	—	—	—	3 600
	装修费	10 200	—	—	—	—	—	—	—	—	—	—	10 200
	增值税	—	—	—	—	—	—	—	—	3 189.76	—	—	3 189.76
	附加税费	—	—	—	—	—	—	—	—	159.49	—	—	159.49
	企业所得税	—	—	—	—	—	—	—	—	—	—	4 821.69	4 821.69
	现金流出合计	41 460	31 874	9 395	10 969	19 543	22 691	24 265	21 904	25 253.25	21 904	26 725.69	255 983.94
月底现金		5 540	-20 746.5	-15 614	-6 468	-1 426	7 173	20 903	35 876.5	44 148.25	55 769.25	62 568.56	—

他们仔细看了一下现金流量计划，很快就发现了问题。现金流量计划反映出开业头4个月现金短缺，最多的时候是3月份，缺口是20 746.5元，这出乎他们的意料。其主要原因是3月份他们一次性支付了全年的租金，而前3个月的销售水平又不高，销售收入较少。另外，他们也没有预计到赊销会占用那么多的资金。原以为自己

的那点钱够用，现在看来还得借些钱。另外，从现金流量计划上看，年底他们可以有现金 62 568.56 元，但这不全是利润。其中含有他们头 3 个月未领的工资 21 000 元，以及来年年初应缴纳的第四季度增值税 2 929.38 元（当年应缴纳增值税 6 119.14 元，第三季度已缴纳 3 189.76 元）和附加税费 146.46 元（当年应缴纳附加税费 305.95 元，第三季度已缴纳 159.49 元）。

此时，黄亮和李燕对现金流量计划中的企业所得税还有些疑问：12 月份的这笔税金是不是需要缴纳；如果是来年 1 月份缴纳，是否应该事先在计划中预留等。李燕打算再找专业人士进一步咨询。

做第 116 页的练习 45，你将学到更多有关制订现金流量计划的知识。

五、资金来源

你已经确定了你开办企业需要的启动资金额，现在，你要考虑从哪里可以筹集到这笔资金。对于大多数小微企业来说，启动资金主要来自企业主自己的积蓄。不过，如果你需要筹集资金，你可以尝试以下渠道：

- 从朋友或亲戚处借钱。
- 从供应商处赊购。
- 从银行或其他金融机构贷款。
- 天使投资。
- 风险投资。
- 从政府部门获取资金支持。

筹集启动资金并非易事，你要有恒心和决心。你可能需要尝试几条不同的渠道来筹集启动资金，有时可能要同时从几条渠道筹集。

1. 从朋友或亲戚处借钱

从朋友或亲戚处借钱是筹集启动资金最常见的做法。但是，一旦你的企业经营失败，亲戚朋友会因收不回自己的钱而责怪你。因此，从一开始，你就要向他们说明借钱给你具有一定的风险。为帮助他们了解你的企业，你要给他们一份你的创业计划书副本，并定期向他们报告创业进展情况。

2. 从供应商处赊购

制造企业通常可以从供应商那里赊一部分账。不过，这也不容易，因为大多数供应商只有在弄清楚你的企业确实能够运转良好之后，才会允许你赊账。

3. 从银行或其他金融机构贷款

银行或其他金融机构是正规的金融部门，它们发放贷款时有严格的审批条件和审查程序。

首先，它们会要求你填写一张借款申请表，并在表后附上你的创业计划书。

其次，银行或其他金融机构一般会要求你有贷款抵押品或质押品，如私人房产、银行存单、有价证券等。如以私人房产作抵押，你还要办理房产价值评估以及公证等手续。而且，银行或其他金融机构为了降低风险，一般不会按抵押品的实际价值向你发放贷款。它们通常要确保抵押资产的价值高于你的贷款额和未付利息额。如果你的企业经营失败，你将失去这些个人资产。可见，向正规金融部门贷款是不易的，即使你有抵押品，它们还是会提出不同的利率和贷款条件。

4. 天使投资

天使投资属于个人投资行为，手续简便，是由自由投资者或非正式风险投资机构对原创项目构思或小型初创企业进行的一次性前期投资，主要面向初创期和种子期的企业。天使投资人一般不参与管理，投资金额较小，对创业项目的审查不太严格且不涉足投资人不熟悉的行业，大都基于投资人的主观判断或喜好而做出投资决定。

很多天使投资是通过朋友、亲戚或社交圈介绍达成的。如果你想让天使投资人投资你的企业项目，你就不能忽视对自身信用资质、良好口碑的培养，而且还要为此准备好企业运营和财务方面的信息和数据。

5. 风险投资

风险投资简称 VC（Venture Capital），其投资对象一般是具有高科技、高成长潜力的企业。风险投资一般金额较大，不需要抵押，也不需要偿还，投资期限至少 3 年，5~7 年比较常见，投资方式通常是以投资换股权，投资的目的不是控股，而是追求超额回报。当被投资企业增值后，风险投资人会通过上市、收购兼并或其他股权转让方式撤出资本，实现增值。

风险投资人选择投资对象时非常看重创业团队、项目的市场规模和赢利模式。

6. 从政府部门获取资金支持

目前，为鼓励创业，国家已经制定出台多种相关法规和优惠政策，创造了较为宽松的创业环境。其中，人力资源社会保障部门专门制定政策，为创业人员提供创业担保贷款；科技部门为高校科技人员和学生科技创业提供专项资金；农业部门为农业创业项目提供农业扶持资金等。所以，你在寻找资金时，也可以寻求相关政府部门的帮助。

黄亮和李燕的创业故事（三十三）：借钱

黄亮和李燕3月份的现金缺口超过20 000元。他们不愿意找更多合伙人，也不愿意动用亲戚朋友的钱创业。

他们听说当地农业银行推出个人创业贷款项目，可以用房产抵押申请，年息4.8%，贷款期限10个月。他们递交了一份申请，借到了50 000元，3月初借，12月底还，期限10个月。

为弄清这些资金是否够用，黄亮和李燕修改了现金流量计划。修改后的现金流量计划如下：

单位：元

项目	月份	2月	3月	4月	5月	6月	7月	8月	9月	10月	11月	12月	合计
月初现金		0	5 540	29 053.5	33 986	42 932	47 774	56 173	69 703	84 476.5	92 548.25	103 969.25	—
现金流入	现金销售	—	5 587.5	8 940	11 175	13 410	17 880	20 115	16 762.5	16 762.5	16 762.5	16 762.5	144 157.5
	赊账销售	—	0	5 587.5	8 940	11 175	13 410	17 880	20 115	16 762.5	16 762.5	16 762.5	127 395
	贷款	—	50 000	—	—	—	—	—	—	—	—	—	50 000
	股东投入	47 000	—	—	—	—	—	—	—	—	—	—	47 000
	现金流入合计	47 000	55 587.5	14 527.5	20 115	24 585	31 290	37 995	36 877.5	33 525	33 525	33 525	368 552.5
现金流出	现金采购	—	3 850	6 160	7 700	9 240	12 320	13 860	11 550	11 550	11 550	11 550	99 330
	赊账采购	—	0	0	0	0	0	0	0	0	0	0	0
	包装费	—	85	136	170	204	272	306	255	255	255	255	2 193
	经理工资	—	0	0	0	3 500	3 500	3 500	3 500	3 500	3 500	3 500	24 500
	员工工资	—	0	0	0	3 500	3 500	3 500	3 500	3 500	3 500	3 500	24 500
	租金	—	24 000	—	—	—	—	—	—	—	—	—	24 000
	促销费	—	500	500	500	500	500	500	500	500	500	500	5 000

续表

项目	月份	2月	3月	4月	5月	6月	7月	8月	9月	10月	11月	12月	合计
现金流出	保险费	—	1 939	1 699	1 699	1 699	1 699	1 699	1 699	1 699	1 699	1 699	17 230
	维修费	—	200	200	200	200	200	200	200	200	200	200	2 000
	水电费	—	300	300	300	300	300	300	300	300	300	300	3 000
	电话费	—	200	200	200	200	200	200	200	200	200	200	2 000
	宽带费	—	600	—	—	—	—	—	—	—	—	—	600
	办公用品购置费	—	100	100	100	100	100	100	100	100	100	100	1 000
	贷款本息	—	200	200	200	200	200	200	200	200	200	50 200	52 000
	其他费用	—	100	100	100	100	100	100	100	100	100	100	1 000
	固定资产投资	27 660	—	—	—	—	—	—	—	—	—	—	27 660
	开办费	3 600	—	—	—	—	—	—	—	—	—	—	3 600
	装修费	10 200	—	—	—	—	—	—	—	—	—	—	10 200
	增值税	—	—	—	—	—	—	—	—	3 189.76	—	—	3 189.76
	附加税费	—	—	—	—	—	—	—	—	159.49	—	—	159.49
	企业所得税	—	—	—	—	—	—	—	—	—	—	4 621.69	4 621.69
	现金流出合计	41 460	32 074	9 595	11 169	19 743	22 891	24 465	22 104	25 453.25	22 104	76 725.69	307 783.94
月底现金		5 540	29 053.5	33 986	42 932	47 774	56 173	69 703	84 476.5	92 548.25	103 969.25	60 768.56	—

黄亮和李燕现在得知，通过借钱他们能够开办和经营企业并偿还贷款。但贷款利息又构成一项成本，他们必须修改销售与成本计划。修改后的销售与成本计划如下：

单位：元

项目	月份	3月	4月	5月	6月	7月	8月	9月	10月	11月	12月	合计
销售	含税销售收入	11 175	17 880	22 350	26 820	35 760	40 230	33 525	33 525	33 525	33 525	288 315
	增值税	—	—	—	—	1 041.55	1 171.75	976.46	976.46	976.46	976.46	6 119.14
	销售净收入	11 175	17 880	22 350	26 820	34 718.45	39 058.25	32 548.54	32 548.54	32 548.54	32 548.54	282 195.86

续表

项目 \ 月份		3月	4月	5月	6月	7月	8月	9月	10月	11月	12月	合计
成本	原材料	3 850	6 160	7 700	9 240	12 320	13 860	11 550	11 550	11 550	11 550	99 330
	包装费	85	136	170	204	272	306	255	255	255	255	2 193
	经理工资	3 500	3 500	3 500	3 500	3 500	3 500	3 500	3 500	3 500	3 500	35 000
	员工工资	3 500	3 500	3 500	3 500	3 500	3 500	3 500	3 500	3 500	3 500	35 000
	租金	2 000	2 000	2 000	2 000	2 000	2 000	2 000	2 000	2 000	2 000	20 000
	促销费	500	500	500	500	500	500	500	500	500	500	5 000
	保险费	1 719	1 719	1 719	1 719	1 719	1 719	1 719	1 719	1 719	1 719	17 190
	维修费	200	200	200	200	200	200	200	200	200	200	2 000
	水电费	300	300	300	300	300	300	300	300	300	300	3 000
	电话费	200	200	200	200	200	200	200	200	200	200	2 000
	宽带费	50	50	50	50	50	50	50	50	50	50	500
	办公用品购置费	100	100	100	100	100	100	100	100	100	100	1 000
	贷款利息	200	200	200	200	200	200	200	200	200	200	2 000
	其他费用	100	100	100	100	100	100	100	100	100	100	1 000
	开办费	3 600	—	—	—	—	—	—	—	—	—	3 600
	折旧和摊销	686	686	686	686	686	686	686	686	686	686	6 860
	总成本	20 590	19 351	20 925	22 499	25 647	27 221	24 860	24 860	24 860	24 860	235 673
附加税费		—	—	—	—	52.08	58.59	48.82	48.82	48.82	48.82	305.95
利润		-9 415	-1 471	1 425	4 321	9 019.37	11 778.66	7 639.72	7 639.72	7 639.72	7 639.72	46 216.91
企业所得税		—	—	—	—	—	—	—	—	—	—	4 621.69
净利润		—	—	—	—	—	—	—	—	—	—	41 595.22

他们把销售与成本计划和现金流量计划一并交给一位注册会计师提意见。这位会计师提出了以下几点意见：

- 未预计生产过程中的废品损耗。
- 10月黄金周销量预计不足；秋冬季游客少，11、12月预估的销量可能太乐观了。
- 7、8月是旅游旺季，5、6月应增加生产量，适当增加产品库存，5、6月未预计库存产品的原材料采购。

- 忽略了李燕的交通费。

他们很感谢会计师的指教，并决定重新修改计划。

做第 118 页的练习 46，制订你的企业现金流量计划。

小结

制订你的利润计划，要按下列步骤去做：

- 制定出你向顾客提供的产品或服务的销售价格。先要计算产品或服务的成本再定销售价格，还要依据你从市场调查中收集到的价格信息。
- 预测开业后至少 6 个月的销售收入。
- 制订销售与成本计划，看看你的企业是赚钱还是亏本。
- 制订现金流量计划，看看你是否有足够的现金来满足流动资金的需要。

销售与成本计划和现金流量计划的对比如下：

项目	销售与成本计划	现金流量计划
折旧和摊销	包括	不包括
贷款利息	包括	包括
贷款本金	不包括	包括
销售	当月有订单的记录销售（赊账和现金）	当月收到现金的记录销售

通过修改销售与成本计划和现金流量计划，你能够更准确地确定开办企业所需要的启动资金额。如果你需要贷款，请认真考虑筹集这笔钱的渠道。对于大多数新开办的小微企业而言，启动资金主要来源于企业主自己的积蓄。筹集资金时，你要有恒心和决心，重要的是要修改好你的创业计划。

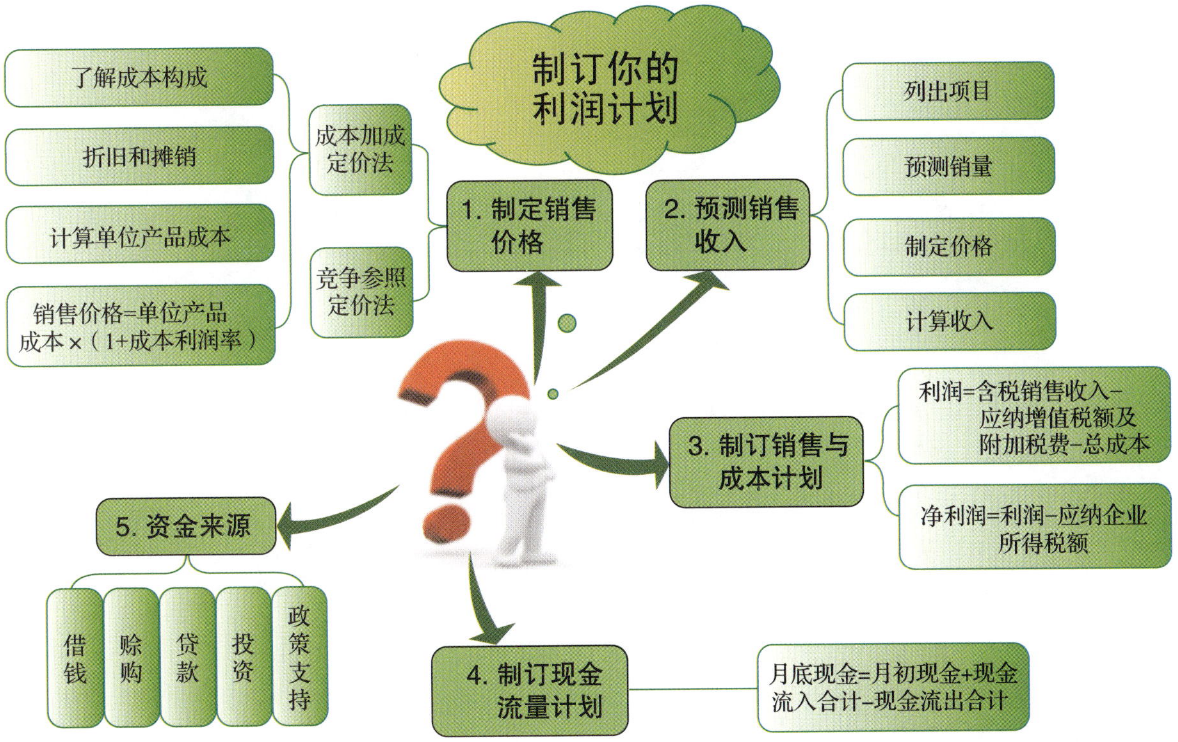

制订你的利润计划
1. 制定销售价格
成本加成定价法
了解成本构成
折旧和摊销
计算单位产品成本
销售价格=单位产品成本×（1+成本利润率）
竞争参照定价法
2. 预测销售收入
列出项目
预测销量
制定价格
计算收入
3. 制订销售与成本计划
利润=含税销售收入-应纳增值税额及附加税费-总成本
净利润=利润-应纳企业所得税额
4. 制订现金流量计划
月底现金=月初现金+现金流入合计-现金流出合计
5. 资金来源
借钱
赊购
贷款
投资
政策支持

第九步　判断你的企业能否生存

创业之前，你需要收集和利用大量的信息。在顺利完成前面所有步骤之后，你已经通过大量的练习掌握了充足的信息。

在这一步，你要对所有信息进行综合分析，完成你的创业计划书，再度判断你的创业项目有多大的成功机会，从而决定你是否应该创办这家企业。

一、完成你的创业计划书

你的创业计划书一定要写得很详尽，它应该包括以下几部分：

- 企业概况：简述你选择创业项目的理由、你的企业愿景（希望成为怎样的企业），重点说明你的主要经营范围和企业类型。
- 创业者个人情况：你要分析你具备的相关知识和经验，不断培养和提高自己的创业能力。
- 市场评估：任何企业都要通过满足顾客需求来获取利润，你要调查和了解市场的大小、未来的发展前景，以及目标顾客和竞争对手的情况。
- 市场营销计划：你要针对目标顾客需求确定产品的市场定位，详细介绍产品或服务的特点、价格、营业地点、销售渠道和促销方式。
- 企业组织结构：你要考虑如何组建企业，包括确定企业的法律形态、组织结构、组成人员及其职责。
- 投资：创业前期你要进行投资预测，包括采购设备、装修店面等，合理、有效的投资有利于降低创业风险。
- 流动资金：你要考虑企业日常运转所需要支出的资金，一般每个月的运转资金包括工资、租金、水电费、办公用品购置费、保险费、电话费等，必需、必要的流动资金是企业正常运转的保证。
- 销售收入预测：你要知道你预测的销售量是否切合实际，它能带来多少收入。
- 销售与成本计划：你要通过测算成本和利润来了解企业的损益情况。
- 现金流量计划：你要更准确地测算出每个月的现金流入和流出情况，及时采取应对措施，帮助你的企业保持充足的动力，使你的企业在任何时候都不会面临现金短缺的威胁。

- 附件：一般来讲，你提供的信息越详尽，获取帮助的机会就越大。你可以根据需要，把诸如申请哪种营业执照、合伙协议、公司章程、产品或服务目录、价格表、岗位职责和工作定额等内容都附在创业计划书后面。

创业计划书内容	对应的教材内容
企业概况	第二步
创业者个人情况	第一步
市场评估	第三步
市场营销计划	第三步
企业组织结构	第四步、第五步、第六步
投资	第七步
流动资金（月）	第七步
销售收入预测（12个月）	第八步
销售与成本计划	第八步
现金流量计划	第八步
附件	按培训要求提供相关资料

创业计划书的格式并不是一成不变的，实际操作中你可以根据自己的实际情况设计和选择不同的创业计划书格式进行撰写。

我们的培训要求创业者完成上述格式的创业计划书。只要你能根据上述要求写出你的创业计划书，那么你再撰写其他形式的创业计划书也就没有什么困难了。申请贷款时，银行等金融机构要了解的情况可能会更加详细，或要求你撰写另一种格式的计划书，但上述内容都是必不可少的。

二、创办企业的决定

现在，你的创业计划书已经完成，接下来就要考察你是否做好了开业准备。下面的问题都是你要考虑的。

1. 你是否有决心和能力创办你的企业

你已经汇集了大量有关创办企业的信息。现在，你要客观地面对自己，再次考虑你是否做好了开办和管理这家企业的准备。请返回去把《创办你的企业——创业意识培训册（第二版）》中的练习4再做一遍，你的一些想法可能会有所改变。

2. 你的企业能否赢利

你的销售与成本计划反映了企业开办第一年可能获得的利润。企业前几个月可能没有赢利，但以后应当会有赢利。如果企业较长时间亏损或者利润很少，请考虑以下几个方面：

- 销售量能不能提高？
- 销售价格有没有提高的余地？
- 哪些产品或服务的成本最高？有没有可能降低这些成本？
- 能否靠减少库存或原材料的浪费来降低成本？

企业的收益起码要能够支付你的工资，给自己定的工资报酬应该和你投入企业创办和经营的时间和精力、你的能力和所担负的责任相称，它等于你雇用员工来做你的工作时该支付的工资。除了你的工资之外，你的投资还应带来利润回报。

3. 你有没有足够的资金来办企业

你制订的现金流量计划显示了企业现金流入和流出的动态。你要有足够的现金去支付到期的账单。即使企业有销售收入，但如果周转资金不足，企业也会倒闭。

如果你的现金流量计划显示某个月份你的企业现金短缺，你可以采取以下措施：

- 减少赊销额，加快现金回笼。
- 采购便宜的替代品或原料，减少材料消耗，从而降低当月成本。
- 要求供应商延长你的付款期限。
- 减少电话费、电费等的费用开支。
- 推迟添置新设备。
- 租用或贷款购买设备。

做第120页的练习47，衡量你开办企业的准备程度。

4. 你对创业计划书是否满意

创业小贴士

有很多机构和专家可以帮你准备和审核创业计划书，例如政府有关部门、企业顾问、会计师、银行家、律师、一些协会的代表、工商管理院校和培训机构人士。

你的创业计划书是一份非常重要的文件，它为你提供了一个在纸面上而不是在现实中测试你所构思的企业项目的机会。如果创业计划书表明你的构思不好，你就要放弃它，这样就能避免时间、金钱和精力的浪费。所以，先做出一份创业计划书很有必要，在此期间，你可以向尽可能多的人征求意见。

你要反复审阅创业计划书的内容，直到满意为止。创业计划书是要交给一些关键人物看的，如潜在的投资者、合伙人或贷款机构，你需要仔细斟酌，以便准确地向他们传递他们所需要的信息。

记住

你的创业项目立项可能需要相关政策的支持和有关部门的特种行业许可，对此，创业前你必须高度重视。

三、制订开办企业的行动计划

现在你已经决定要开办企业，但还停留在纸面上。在和顾客实际打交道之前，你还有很多工作要做。做这些事要有章法，要按部就班。所以，你要制订一份行动计划，确定有哪些工作要做，由谁来做，以及什么时候完成。

把要做的事情列一份清单，例如：

- 选择合适的营业地点。
- 筹集落实启动资金。
- 办理企业登记注册手续。
- 接通水电、电话、网络。
- 购买或租用机器设备。
- 购买存货。
- 招聘员工。
- 办理保险。
- 宣传你的企业。

你要落实的事情很多，所以尽量不要浪费时间，制订行动计划是能够帮助你合理安排任务的最简单有效的方法。制订的计划要严谨，以免遗漏事项。

做第122页的练习48，准备一份开办企业的行动计划。

小结

一份创业计划书汇总了一名创业者所需要的全部信息，它是一份非常重要的文件，撰写创业计划书的过程使你的企业构思在变为现实之前有了一次纸上测试的机会。

完成创业计划书后，你应当权衡它所提供的信息，最终决定你是否开始行动。

一旦决定实施创业计划，你就会有很多工作要做。安排这些工作的最好办法是制订一份行动计划，这样就可以有条不紊地按时完成所有的任务。在行动计划中你要确定哪些事情要做，由谁来做，何时去做。如果一家企业起步准备不足，那么失败的可能性就会大大增加。

第十步　开办你的企业

企业一旦运转起来，你每天的工作就会非常繁重。

在这一步，你要了解一名优秀的企业主怎样才能处理好日常的企业管理工作。然而，如何管理好一家企业远比书本上说的复杂得多。优秀的企业主每天都要学习新东西。

一、企业日常活动

企业的类型不同，其日常业务活动也有差异。例如：

- 贸易企业的日常工作是销售、采购存货、记账和管理好店员。
- 服务企业的日常工作是招揽生意，完成服务任务；管理员工，使他们的工作保质保量，有成效。除此之外，还要采购材料，控制成本，为新的服务项目定价。
- 制造企业的日常工作要复杂得多，要接订单，核实自己的生产能力，安排车间生产。这意味着要购进原材料，调配好工厂的设备，监控工人的工作质量，控制成本，销售产品等。
- 农、林、牧、渔企业的日常工作也很多，如购进原材料、控制成本，为种植或养殖的产品定价，还要做好疾病防治工作。

然而，通常情况下，企业会涉及以下日常工作：

- 管理员工。
- 采购和存货管理。
- 生产管理。
- 促销。
- 控制成本。
- 制定价格。
- 业务记录。
- 组织办公室的工作。

1. 管理员工

记住

你的企业的成功是所有员工共同努力的结果。如果员工的技能不足、积极性不高、配合不当，即便你有一个好的企业构思，最终也无法成功。所以，你要非常重视对员工的培训和激励。

第一，要树立团队意识，因为大多数员工喜欢集体配合工作。如果任务下达到团队，且如期完成，每个成员都会受到鼓舞。这种方法的好处主要在于：

- 提高员工的工作积极性——他们能体会到集体的成绩里有他们的一份贡献。
- 提高工作质量标准——团队成员共同配合解决质量问题。
- 提高生产效率——集体工作比单干更有助于员工各展所长。

第二，重视培训员工，这是企业成功的重要因素。虽然组织培训要花钱，但好处很多：

- 员工能学到新的、更有效的工作方法。
- 员工会觉得你关心他们，对他们的工作满意。

第三，重视员工的安全。如果员工离职，你还要招聘和培训新人。所以，你要保护员工，重视员工的安全，防止他们发生工伤事故。作为企业主，你要对由于安全措施不到位而导致的伤残和疾病负责。安全措施不只意味着避免工伤事故，还包括改善不良的工作条件，如降低噪声、提高照明度、消除有害液体和气体等。

国家规定了职业安全与卫生的最低要求，如果企业违规，不仅会给别人带来痛苦，而且还要负担抚恤金。所以，重视员工的安全，关心员工的健康，不仅有利于提高员工的工作积极性，而且还能降低你的企业的费用。

2. 采购和存货管理

所有的企业都要买进卖出。零售商从批发商处买来商品，然后卖给顾客。批发商从制造商处进货卖给零售商。制造商从不同渠道采购原材料制成产品卖给顾客。服务企业的经营者买来设备和材料，然后出售他们的服务。

此外，企业还要对采购的原材料、商品等存货建立验收、保管、领用、盘点等管理制度，保证存货的安全完整，提高存货的运营效率。

记住

慎重地采购原材料和管理好存货可以降低成本并提高利润。

3. 生产管理

生产管理是制造企业、特定服务企业和农林牧渔企业的一项日常工作。在生产管理过程中，企业主通常要做以下决策：

- 生产什么。
- 何处生产。
- 何时生产。
- 如何生产。
- 生产数量。
- 生产质量。

记住

做这些工作的目的是合理组织你的企业，保质保量地为顾客提供产品或服务。

4. 促销

促销可以使那些现有的和潜在的顾客了解你的产品或服务。以下是常见的促销手段，你要根据自己企业的实际情况，选择最适合的促销方式。

- 散发传单或小册子。
- 在橱窗和公共场所悬挂广告招牌。
- 举办打折、买一赠一等促销活动。
- 有选择地参加相关宣传或服务活动。

记住

如果没有顾客，任何企业都无法生存下去。

5. 控制成本

作为企业主，你要清楚你的生产成本或进货成本，这有助于你制定价格，赚取利润。把成本维持在最低限度对你来说十分关键。

这方面的信息来自你的财务会计系统。即使是最简单的财务记录，也会为你提供计算企业成本的依据。

企业成本是企业资金支出的根源，合理控制成本有助于提高企业的利润。

6. 制定价格

你要为你的产品或服务制定合理的价格，使你的产品或服务既能产生利润，又具有相当的竞争力。你要明白，只有销售收入大于生产产品或提供服务的成本，才会有利润。因此，在制定价格之前，你必须先摸清成本，否则你无从知道企业是否赢利。

7. 业务记录

作为企业主，你必须知道企业经营状况。如果经营遇到困难，通过分析你的业务记录可以发现问题所在。如果企业运转良好，你也能通过这些记录进一步了解企业的优势所在，使你的企业更具竞争力。做好业务记录能帮助你做出有利的经营决策。

此外，做好业务记录还有助于开展以下工作：

- 控制现金。
- 控制赊账。
- 随时了解你的负债情况。
- 控制库存量。
- 了解员工动态。
- 掌握固定资产状况。
- 了解企业经营状况。
- 上缴税款。
- 制订计划。

大多数小微企业为节省开支往往不会聘用专职会计，企业主为了掌握现金流量可以自学简单的记账办法。虽然不同企业的记账方式有所差别，但一般都包括以下内容：

- 收入的资金。
- 支出的资金。
- 债权人。
- 债务人。
- 资产和库存。

8. 组织办公室的工作

办公室是你的信息中心，因此，办公室工作组织和领导得好坏对企业经营也会产生影响。你需要购买办公设备和办公用品，并为它们加上醒目的企业标识，还要设立一个接待顾客和来访者的场所。

二、下一步做什么

“创办你的企业”培训课程为你开办企业奠定了坚实的基础，但要经营好一家企业，你还要不断提高自己的经营管理能力。经营企业的课题更复杂，要学习的东西更多。要想成功，你必须不断学习，改善经营。随着你的经营管理能力的提高，你的企业获得成功和赢利的希望就越大。

国际劳工组织专门针对企业主开发了企业管理培训课程——“改善你的企业”（Improve Your Business，IYB），该课程以简单实用的方式介绍管理企业的基本原则，目的是帮助小微企业系统地建立基本的管理体系，提高企业主经营管理企业的能力与水平，改善并提高企业的赢利能力与竞争力。学习“改善你的企业”课程需要学习7本独立的培训册，即《市场营销》《成本核算》《记账》《采购》《存货管理》《企业计划》《人与生产力》，每本培训册围绕一个企业管理专题提供相关知识和练习，其特点是通过以解决问题为主的方法来学习小企业管理知识。如果你感兴趣，可以与当地人力资源社会保障部门联系。

小结

企业开业后，企业主要管理好自己的企业，处理好企业的日常工作。成功的企业主要不断地学习，人力资源社会保障部门为已经创业的企业主开办“改善你的企业”（IYB）培训课程，帮助企业主提高经营管理企业的能力，提高企业的赢利水平。

练　习

练习 21　确定你的目标顾客

顾客特征	情况
谁将成为你的顾客 （一般性描述）	
年龄	
性别	
地点 （他们住在哪里）	
工资水平 （具体数字）	
他们平均多长时间购买一次你的产品或服务 （每日、每周、每月、每季度、每年）	
他们愿意出多少钱购买 你的产品或服务	
他们的购买量有多大	
未来的市场规模和趋势 （未来顾客数量会增加、减少或保持不变）	

练习 22　确定你的竞争对手并做出优势分析

比较的内容 / 我和竞争对手 / 项目	我的产品或服务	竞争者甲的产品或服务 姓名： 地址： 电话：	竞争者乙的产品或服务 姓名： 地址： 电话：	竞争者丙的产品或服务 姓名： 地址： 电话：
价格合理性				
质量可靠性				
购买方便性				
顾客满意度				
员工技术水平				
企业知名度				
品牌信誉度				
广告有效性				
交货及时性				
地理位置优越性				
销售策略（如赊销、折扣）				
售后服务				
设备				
销售量				

我的产品或服务很特别，特征如下：

我的产品或服务与竞争对手相比，主要优势体现在：

与竞争者甲相比：

与竞争者乙相比：

与竞争者丙相比：

练习 23　准备你的市场营销计划——产品

填表说明：

1. 在下表的顶端一行列出你的企业将出售的所有产品或服务。如果你的企业将出售的产品或服务超过 5 项，请自行增加列数。

2. 在下表第一列中填写产品或服务的特征，如产品的质地、颜色、规格、包装、维修等，或服务的效率、质量等。

3. 在表中的空格内填写每一种产品特征的具体内容。

产品或服务 / 内容 / 特征	（1）	（2）	（3）	（4）	（5）

练习

练习 24　准备你的市场营销计划——价格

填表说明：

1. 在下表的顶端一行列出你的企业将出售的所有产品或服务。如果你的企业将出售的产品或服务超过 5 项，请自行增加列数。

2. 在下表第一列中已经列出了一些与你的产品价格有关的项目，请根据实际情况补充与你产品价格有关的其他项目。

3. 在表中的空格内填写与产品价格有关项目的具体内容。

产品或服务 / 内容 / 项目	（1）	（2）	（3）	（4）	（5）
竞争对手的平均价格					
你的产品成本价					
你的产品批发价					
你的产品零售价					
给谁折扣					
给谁赊销					

练习 25　准备你的市场营销计划——地点

1. 企业将设在什么地方？

2. 选择这个地点的原因：

3. 选择分销方式（根据你的企业的实际情况选择并在相应的□内画“√”）。

我将把产品或服务销售或提供给：□最终消费者　　□零售商　　□批发商

4. 选择这种分销方式的原因：

练习 26　准备你的市场营销计划——促销

促销有多种方式。促销需要花钱，你可以向广告商、印刷商和其他专业人员了解有关促销费用的信息。你要研究你的竞争对手，看看他们采用哪些方式促销。这样，你就可以选择适合你的企业的促销方式。

促销方式	具体内容	成本预测（元）
广告		
人员推销		
营业推广		
公共关系		

练习 27　学习预测销售量的知识

习题 1

魏刚下岗后，打算开办一家小商店。因为本钱不多，他只能进行小规模经营，出售的商品有洗衣粉（包）、啤酒（瓶）等。

魏刚知道附近其他两家商店也出售这些商品。他决定先观察一下这两家商店的情况，看看它们的销量如何。他连续观察了 4 天，下面是他观察到的情况。

竞争者甲：老张

商品＼销售量＼时间	第 1 天	第 2 天	第 3 天	第 4 天	每天平均量	每月平均量
洗衣粉（包）	7	8	7	7	7	210
啤酒（瓶）	10	11	10	10	10	300
……	……	……	……	……	……	……

竞争者乙：小范

商品＼销售量＼时间	第 1 天	第 2 天	第 3 天	第 4 天	每天平均量	每月平均量
洗衣粉（包）	9	10	9	8	9	270
啤酒（瓶）	20	21	20	20	20	600
……	……	……	……	……	……	……

他将自己的商店与这两家商店进行了对比，并与朋友进行交谈想找到竞争者的优势和劣势。魏刚预测：第一年，他的商店将比竞争者甲老张经营得好，但是可能不如竞争者乙小范。他知道至少需要 3 个月才能将自己的商店发展到老张的水平。

请你逐月为魏刚的新店做 12 个月的销售量预测，并完成下表。

商品＼预测销售量＼月份	1 月	2 月	3 月	4 月	5 月	6 月	7 月	8 月	9 月	10 月	11 月	12 月	合计
洗衣粉（包）													
啤酒（瓶）													
……	……	……	……	……	……	……	……	……	……	……	……	……	……

习题 2

陈立华在技师学院焊工专业毕业后，决定在省城创业，制作并出售防盗门。他对该行业进行了市场调查，了解到省城有很多制作防盗门的小企业。他与城西两家小企业的企业主谈了谈，获得了以下信息：

- 竞争者甲王老板每月出售 28 扇防盗门，竞争者乙张老板每月出售 20 扇防盗门。
- 竞争者甲王老板开业时间不长，他的防盗门质量不算好。
- 竞争者乙张老板技术过硬，但不知为什么，他的防盗门销售量 3 年来没有增长。
- 市场对防盗门的需求正在稳步增加，以后 12 个月的产销量将以 5 扇防盗门的增量逐月递增。

陈立华认为，王老板和张老板的企业都有自己的固定客户，想挤占他们的市场份额很困难，于是他准备按各月市场增量的 50% 制作防盗门。虽然他是省城手艺最好的焊工之一，但是他知道，至少需要 3 个月时间他的企业才能在省城出名。他决定 5 月份筹备，6 月就开始生产。

请你逐月为陈立华的企业做 6—12 月的销售量预测，并完成下表。

月份	6月	7月	8月	9月	10月	11月	12月	合计
销售量（扇）								

练习 28　选择预测销售量的方法

1. 多数人因为过高预测自己的销售量而遭受挫折，所以不要将销售量预测得过高。通常有 5 种预测方法可供选择：

- 经验预测法。
- 类比预测法。
- 试销预测法。
- 订单预测法。
- 调查预测法。

2. 在下面这张表中记录你获取的信息。下表的顶端一行列举你的企业将出售的产品或服务。如果你的企业将出售的产品或服务超过 5 项，请自行增加列数；在下表第一列中填写你获得了哪些方面的信息，如竞争对手信息、销售淡旺季信息等，然后在表中的空格内填写相关信息内容。

产品或服务 / 具体内容 / 相关信息	(1)	(2)	(3)	(4)	(5)

3. 预测你的产品或服务全年（12 个月）销售总量，并将预测结果填入表中。

预测方法 预测销售量 产品或服务	经验预测法	类比预测法	试销预测法	订单预测法	调查预测法
（1）					
（2）					
（3）					
（4）					
（5）					
（6）					
（7）					
（8）					
（9）					
（10）					

注：如需要，请加页。

练习 29 预测你的企业的销售量

为了能够更加准确地预测销售量，你需要做大量的调查研究工作，最大限度地收集有效信息，而且要求所有的数据和信息都真实可靠，请将调研的具体内容及有效信息填入表中。

调研内容	有效信息
（1）	
（2）	
（3）	

综合考虑上述因素，预测你的产品或服务各月销售量，从而确定全年销售总量。

月份 / 预测销售量 / 产品或服务	1月	2月	3月	4月	5月	6月	7月	8月	9月	10月	11月	12月	合计

注：如需要，请加页。

练习 30　确定你的企业需要的员工

填表说明：

1. 看一看下表第一列中列出的岗位，这些是所有企业通常都会设立的岗位。

2. 在第一列中加上你的企业生产产品或提供服务还需要设立的岗位。

3. 对所有这些岗位，你要明确每个岗位的工作内容，进而确定完成这些工作需要哪些技能、经验和其他要求，然后衡量你是否有时间和相应的技能、经验去完成，将结果填入表中。

4. 如果你没有时间或相应的技能、经验，你就应该雇用员工来完成这些工作。那么，测算一下你需要的员工数量，并预测你的员工的工资额，将结果填入表中。

岗位	工作内容	完成这项工作需要的技能、经验和其他要求	你（企业主）有没有时间和技能、经验做这项工作		需要的员工数	预期的员工工资额（元）
			有	没有		
采购						
财务						
销售管理						

练习 31 设计你的企业的组织结构图

请设计出你的企业的组织结构图。

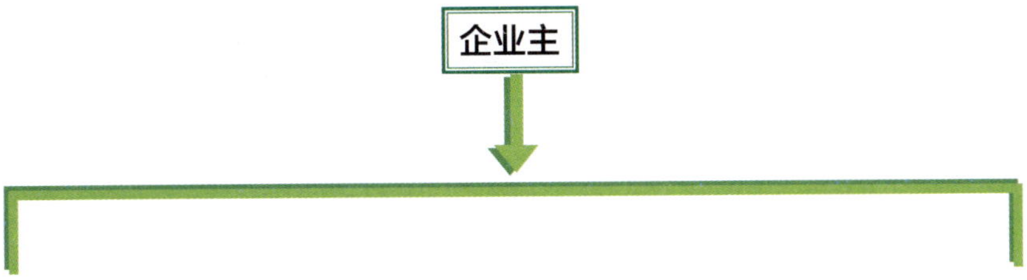

练习 32 选择你的企业的法律形态

1. 你的企业的法律形态是什么？（请在相应的□内画“√”）

□ 个体工商户　　□ 个人独资企业

□ 合伙企业　　□ 有限责任公司

□ 其他（请说明）________________

2. 选择这种企业法律形态的原因是什么？

----

3. 填写企业主的有关信息。

姓名	技能说明

4. 股份合作协议（请填写你的企业关于股份合作的要点）。

协议内容 / 条款 / 合作人				
企业计划注册资金				
出资方式				
出资数额				
股权份额及利润分配				
利润数额与亏损承担				
分工、权限和责任				
违约责任				
转股、退股及增资				
协议变更和终止				
其他条款				

练习 33　确定你的企业应缴纳的税金

请你根据你的企业的实际情况，查阅有关法律法规，选择并确定你的企业需缴纳的税种及其金额，完成下面的表格。除列出的税种外，如果你的企业还需要缴纳其他税种，请在下面的表格中增加，并填写后面几列内容。

所纳税种		是否适合你的企业（是/否）	详细内容	费用（元）
流转税	增值税			
	消费税			
所得税	企业所得税			
	个人所得税			
附加税费	城市维护建设税			
	教育费附加			
其他				

练习 34　确定你的企业的劳动条件

下面这张表能帮助你有效地检查你创办的企业在劳动条件方面是否存在问题。表中各项是你的企业可能需要的劳动条件，其中多数条件很简单，且容易实现。

看一看这些项目，然后确定哪些是你的企业需要的。

项目		该项目在你的企业中是否重要	
		是	否
材料储存和管理	有地方储存不常用的材料吗？		
	有存放工具、原材料、零件和产品的货架吗？		
	为便于移动，是否考虑给备品柜、货架、工作台安装轮子？		
	移动沉重货物时，使用手推车、移动货架、吊车、传送机或其他机械设备吗？		
工位	开关、控制阀和材料是否放在便于工人操作的地方？		
	是否使用电梯、起重机或其他机械设备，以减轻工人的负担？		
	每个工位是否设置了稳定的工作台？		
	工作中工人使用钻模、夹钳、老虎钳或其他装置来固定加工件吗？		
	工人是否可以调整设备、控制器或台面的高度以避免弯腰或手伸得很高？		
	工人在工作中是否可以调换站姿或坐姿？		
	椅背是否坚固？高度是否合适？		
	机器和电力传送设备的危险部位是否配有安全防护装置？		
	是否有安全警示标志和装置，以防工人在机器运转时受伤？		
	为避免发生工伤事故，同时增加产量，生产过程中是否用机械装置给设备填料？		
	是否确信设备维护良好，没有损坏或固定不牢的部分？		
控制有害物质	是否用危害性弱的洗涤用品（如洗涤剂和肥皂）来替代危害性强的化学品（如有机溶剂）？		
	是否可以保证所有的有机溶剂、涂料、胶水都被存放在有盖的密封容器中？		
	是否安装了排气通风设备？		
	是否要求接触危险化学品的工人在吃饭或喝水之前用肥皂洗手，在回家之前洗澡或换衣服？		

续表

项目		该项目在你的企业中是否重要	
		是	否
控制有害物质	是否为工人提供适量和适当的防护目镜、防护面具、耳塞、安全鞋、头盔或手套?		
	是否需要指导或培训工人正确使用和维护劳动防护用品，并定期监督其使用?		
光线	是否保持天窗和门窗干净?		
	是否把天花板和墙壁刷成白色或浅色，并保持干净?		
	工作需要时是否提供人工照明，包括增加光源、安装反射镜或改变现有灯光位置?		
	为避免工人精神涣散和眼睛疲劳，是否可以通过遮光装置或改变灯光位置来减少强光的刺激? 是否可以用漫射光或调整工人工位以避免直接面对窗户或其他光源?		
	对精密度要求高的工作，是否提供局部照明或可调节光源?		
	是否保持灯光设备清洁并定期更换灯泡?		
福利设施	是否在所有工作场合都提供安全的饮用水?		
	工作场所附近是否提供方便、干净的卫生间? 是否有肥皂? 是否有独立的男、女卫生间?		
	是否提供独立、舒适、卫生的用餐环境?		
	是否提供存放衣物、自行车或其他个人物品的地方?		
	是否提供急救设备，并培训一名合格的急救员?		
房屋设施	是否给金属墙壁和房顶安装绝缘材料以改善建筑物防热、防冻系统?		
	是否开辟更多的天窗、壁窗或门道以增强自然通风?		
	是否隔离热源、噪声源和烟源?		
	是否在方便拿取的地方放置足够数量的灭火器，并保证工人会使用灭火器?		
	是否在每层楼或每个大房间安排至少两个无障碍通道?		
	是否保留安全通道并做记号，以保持通道畅通无阻?		
	是否能及时清除破损、混乱的电线连接处?		
工作组织	为提高工人的注意力，防止疲劳，是否经常调整工人的工作方式? 是否为工人提供改变操作姿势的机会? 是否为工人提供短暂休息的机会?		

请将与你的企业经营活动关系密切的劳动条件列入表中。

材料储存和管理	
工位	
控制有害物质	
光线	
福利设施	
房屋设施	
工作组织	

练习 35　确定你的企业的保险需要

请你根据你的企业的实际情况，咨询相关部门和企业，选择并确定你的企业需要办理的各种保险，完成下面的表格。

险种	是否适合你的企业（是/否）	详细内容	费用（元）
社会保险：			
养老保险			
医疗保险			
失业保险			
工伤保险			
生育保险			
商业保险：			

练习 36　学习有关企业启动资金的知识

请分析下列各支出项目属于投资还是流动资金支出，并在相应的空格内画“√”。

序号	支出项目	投资	流动资金
1	购买一辆摩托车		
2	裁缝购买需要的布料		
3	书店中存放的书籍和杂志		
4	做企业账目需要购买一台计算机		
5	一名木匠的工资		
6	企业开办前的市场调查费用		
7	购买货架和柜台		
8	房屋租赁费用		

练习 37　学习预测启动资金的知识

陈立华认为，他需要购买一部电焊机 1 250 元、一部台式钻床 1 600 元、一台计算机 2 000 元、两把手电钻 250 元、一台切割机 450 元、两台打磨抛光机 240 元、一只氧气瓶 400 元、一只乙炔瓶 500 元，以及电缆和手动工具共 800 元。他还需要租一间店铺，年租金 18 000 元。他预计的费用如下：

- 电焊工每月工资 3 000 元，助手每月工资 1 200 元。
- 预计开业头 3 个月可以销售 14 扇防盗门。
- 1 扇防盗门的原材料及安装成本是 900 元；灌气费 100 元，可焊 5 扇门。
- 企业其他费用为：保险费 2 400 元 / 年，水电费 400 元 / 月，电话费 150 元 / 月，宽带费 600 元 / 年，办公用品购置费 50 元 / 月，促销费 200 元 / 月，维修费 100 元 / 月，折旧费 147 元 / 月，陈立华的工资 3 000 元 / 月（他将担任销售员和经理）。

请你计算一下陈立华开办企业需要多少钱，完成下面的表格。

项目	投资预测（元）	项目	3 个月流动资金预测（元）
电焊机		原材料及安装成本	
台式钻床		灌气费	
计算机		工资	
手电钻		租金	
切割机		保险费	
打磨抛光机		水电费	
氧气瓶		电话费	
乙炔瓶		宽带费	
电缆和手动工具		办公用品购置费	
开办费		促销费	
其他投入		维修费	
		其他费用	
投资总额		流动资金总额	
			合计：＿＿＿＿元

练习 38　预测你的企业的启动资金

一、投资

1. 机器、机械和其他生产设备

根据企业销售量预测，假设达到 100% 的生产能力，拟购置以下机器、机械和其他生产设备：

项目	数量	单价（元）	金额（元）
（1）			
（2）			
（3）			
（4）			
合计			

供应商名称	地址	电话或传真

2. 器具、工具和家具

根据企业生产经营活动的需要，拟购置以下器具、工具和家具：

项目	数量	单价（元）	金额（元）
（1）			
（2）			
（3）			
合计			

供应商名称	地址	电话或传真

3. 交通工具

根据企业需要，拟购置以下交通工具：

项目	数量	单价（元）	金额（元）
（1）			
（2）			
合计			

供应商名称	地址	电话或传真

4. 电子设备

根据企业办公需要，拟购置以下电子设备：

项目	数量	单价（元）	金额（元）
（1）			
（2）			
（3）			
合计			

供应商名称	地址	电话或传真

5. 无形资产

根据企业需要，拟购买以下无形资产：

项目	金额（元）	备注
（1）		
（2）		
合计		

6. 开办费

根据企业需要，开业前需支付以下费用：

项目	金额（元）	备注
（1）		
（2）		
（3）		
合计		

7. 其他投资

根据企业需要，除固定资产、无形资产、开办费外，还需支付以下费用：

项目	金额（元）	备注
（1）		
（2）		
（3）		
合计		

8. 投资预测概要

项目	金额（元）	备注
房屋、建筑物		
机器、机械和其他生产设备		
器具、工具和家具		
交通工具		
电子设备		
无形资产		
开办费		
其他投资		
合计		

二、流动资金（月）

1. 原材料（或商品）及包装费用

项目	数量	单价（元）	金额（元）
（1）			
（2）			
（3）			
（4）			
（5）			
合计			

2. 其他经营费用（不包括折旧费和贷款利息）

项目	金额（元）	备注
工资和薪金		
租金		
促销费		
保险费		
水电费		
办公用品购置费		
交通费		
合计		

练习 39　学习有关折旧的知识

习题 1

苏秋莲开办了一家洗染店，已经营 6 年。现在有 3 名员工，4 台功能不同的洗染机，这些洗染机都是 6 年来她逐步购置的，总价值约 65 000 元。

苏秋莲很为自己的企业自豪，靠经营洗染店获得的收入不仅改善了自己的住房条件，还将自己的孩子送到一所教学质量很好且学费很高的学校读书。不幸的是，上周店里的干洗机坏了，无法修理，这可是洗染不能缺少的设备，而且价格很贵。由于她刚买了一辆新车，所以一时拿不出钱来更换干洗机。

利用你学到的折旧知识分析苏秋莲做错了什么，她本应该怎么做。

习题 2

在第 104 页练习 37 中，你已为陈立华做了投资预测，现在请计算这些物品的月折旧额和摊销额。

习题 3

请根据折旧和摊销相关规定，计算你的企业的月折旧额和摊销额，完成下表。

项目	金额（元）	月折旧额 / 月摊销额（元）
房屋、建筑物		
机器、机械和其他生产设备		
器具、工具和家具		
交通工具		
电子设备		
无形资产		
开办费		
其他投资		
合计		

练习 40　学习有关成本和销售价格的知识

陈立华认为，经过 3 个月的经营他能够每月制作并出售至少 10 扇防盗门。他的成本已经在练习 37 中做了说明，请你回答下列问题：

- 制作 10 扇防盗门的总成本是多少？

- 制作 1 扇防盗门的成本是多少？

- 如果陈立华加价 30% 销售，每扇防盗门的不含税销售价格是多少？

- 考虑增值税的征收率为 3%，每扇防盗门的含税销售价格是多少？

练习 41　制定你的产品或服务的销售价格

1. 请结合所学知识预测你的产品或服务的销售价格，完成下表。

销售的产品或服务	销售价格（元）
（1）	
（2）	
（3）	
（4）	
（5）	
（6）	
（7）	
（8）	

2. 参照你的竞争对手的价格，确定你的产品或服务的销售价格。

销售的产品或服务	竞争对手的价格（元）	你的产品或服务的销售价格（元）
（1）		
（2）		
（3）		
（4）		
（5）		
（6）		
（7）		
（8）		

练习 42　预测你的企业的销售收入

销售的产品或服务 \ 月份		1月	2月	3月	4月	5月	6月	7月	8月	9月	10月	11月	12月	合计
(1)	销售数量													
	销售单价（元）													
	含税销售收入（元）													
(2)	销售数量													
	销售单价（元）													
	含税销售收入（元）													
(3)	销售数量													
	销售单价（元）													
	含税销售收入（元）													
(4)	销售数量													
	销售单价（元）													
	含税销售收入（元）													
(5)	销售数量													
	销售单价（元）													
	含税销售收入（元）													
合计	销售总量													
	销售总收入（元）													

注：如需要，请加页。

练习 43 学习有关制订销售与成本计划的知识

习题 1

老赵注册了一家个体工商户，销售各种书籍、报刊杂志。请你根据以下信息预测这家店的年净利润。

- 含税销售收入为 15 000 元 / 月。
- 各种书籍、报刊杂志进价为 5 500 元 / 月。
- 企业主薪金为 4 000 元 / 月。
- 其他经营成本为 3 500 元 / 月。

习题 2

老李在县城注册了一家有限责任公司，制造并出售课桌椅，属小型微利企业。请你根据以下信息预测这家企业的年净利润。

- 含税销售收入为 35 000 元 / 月。
- 材料成本为 10 000 元 / 月。
- 人工成本：员工 3 人，月工资 3 250 元 / 人；经理薪金为 3 500 元 / 月。
- 其他经营成本为 4 500 元 / 月。

习题 3

利用第 90 页练习 27 习题 2 的销售量预测、第 104 页练习 37 的成本信息、第 109 页练习 40 中的销售价格信息，预测陈立华的销售收入，并制订销售与成本计划，完成下面的表格。

销售收入预测

月份	6 月	7 月	8 月	9 月	10 月	11 月	12 月	合计
销售数量（扇）								
销售单价（元）								
含税销售收入（元）								

销售与成本计划 单位：元

项目		6月	7月	8月	9月	10月	11月	12月	合计
销售	含税销售收入								
	增值税								
	销售净收入								
成本	原材料（列出项目）：								
	（1）								
	（2）								
	（3）								
	包装费								
	工资和薪金								
	租金								
	促销费								
	保险费								
	维修费								
	水电费								
	电话费								
	宽带费								
	办公用品购置费								
	其他费用								
	折旧和摊销								
	总成本								
附加税费									
利润									
所得税	企业所得税								
	个人所得税								
	其他								
净利润									

注：对于“所得税”项目的填写，有限责任公司填写“企业所得税”，个体工商户、个人独资企业和合伙企业填写“个人所得税”，实行定额征收的企业填写“其他”。

练习 44　制订你的企业销售与成本计划

单位：元

项目 \ 月份		1月	2月	3月	4月	5月	6月	7月	8月	9月	10月	11月	12月	合计
销售	含税销售收入													
	增值税													
	销售净收入													
成本	原材料（列出项目）:													
	（1）													
	（2）													
	（3）													
	包装费													
	工资和薪金													
	租金													
	促销费													
	保险费													

续表

项目	月份	1月	2月	3月	4月	5月	6月	7月	8月	9月	10月	11月	12月	合计
成本	维修费													
	水电费													
	电话费													
	宽带费													
	办公用品购置费													
	其他费用													
	折旧和摊销													
	总成本													
附加税费														
利润														
所得税	企业所得税													
	个人所得税													
	其他													
净利润														

注：对于“所得税”项目的填写，有限责任公司填写“企业所得税”，个体工商户、个人独资企业和合伙企业填写“个人所得税”，实行定额征收的企业填写“其他”。

练习 45　学习有关制订现金流量计划的知识

陈立华决定赊销每月销售量的一半（放账 30 天）。他知道在第一年里，他的供应商不会给他赊货。他现有 17 000 元现金开办企业，还有一栋价值 15 万元的房产。利用你在第 112 页练习 43 习题 3 中所做的销售与成本计划以及所学知识，为陈立华制订一份现金流量计划。

单位：元

项目	月份	5月	6月	7月	8月	9月	10月	11月	12月	合计
月初现金										
现金流入	现金销售									
	赊账销售									
	贷款									
	企业主（股东）投入									
	现金流入合计									
现金流出	现金采购									
	赊账采购									
	包装费									
	工资和薪金									
	租金									
	促销费									
	保险费									
	维修费									
	水电费									
	电话费									
	宽带费									
	办公用品购置费									
	其他费用									
	贷款本息									
	投资（列出项目）									
	增值税									
	附加税费									
	所得税									
	现金流出合计									
月底现金										

请问，这 17 000 元够不够开办企业？如果不够，陈立华还需要筹集多少资金？

练习 46　制订你的企业现金流量计划

单位：元

项目 \ 月份		1月	2月	3月	4月	5月	6月	7月	8月	9月	10月	11月	12月	合计
月初现金														
现金流入	现金销售收入													
	赊账销售收入													
	贷款													
	企业主（股东）投入													
	现金流入合计													
现金流出	现金采购													
	赊账采购													
	包装费													
	工资和薪金													
	租金													
	促销费													

续表

项目 \ 月份		1月	2月	3月	4月	5月	6月	7月	8月	9月	10月	11月	12月	合计
现金流出	保险费													
	维修费													
	水电费													
	电话费													
	宽带费													
	办公用品购置费													
	其他费用													
	贷款本息													
	投资（列出项目）													
	增值税													
	附加税费													
	所得税													
	现金流出合计													
月底现金														

练习 47　你做好开业准备了吗

问题	你的评价	
	是	否
1. 你已确定你所出售的产品或提供的服务了吗?		
2. 你知道你的顾客是谁吗?		
3. 你了解潜在顾客怎样看待你的产品或服务吗?		
4. 你知道你的竞争对手的产品或服务的价格吗?		
5. 你知道你的竞争对手的优势和不足吗?		
6. 你预测过自己的销售量吗?		
7. 你制定好产品或服务的销售价格了吗?		
8. 你选择好营业地点了吗?		
9. 你决定好所使用的销售方式了吗?		
10. 你决定好所使用的促销方式了吗?		
11. 你知道自己的促销需要多少钱吗?		
12. 你已经选定企业的法律形态了吗?		
13. 你决定需要什么样的员工了吗?		
14. 你知道雇用员工的法律责任吗?		
15. 你知道对你的企业的所有法律要求吗?		
16. 你知道你的企业需要什么样的营业执照和办理什么样的许可证吗?		
17. 你知道办这些执照和许可证需要多少钱吗?		
18. 你决定你的企业需要哪种保险了吗?		
19. 你知道办保险需要多少钱吗?		
20. 你预测第一年的销售量了吗?		
21. 你预测第一年的销售收入了吗?		
22. 你制订第一年的销售与成本计划了吗?		
23. 你的销售与成本计划中第一年有利润吗?		
24. 你制订现金流量计划了吗?		
25. 你的现金流量计划是否表明你所经营企业的资金可以实现良性循环?		
26. 你计算过开办企业所需要的启动资金额吗?		
27. 你为企业筹集到所有的启动资金了吗?		
28. 如果你计划申请贷款，你预测过可用于担保的资产价值吗?		
29. 你是否对开办自己的企业有足够的信心?		

计算一下，在“你的评价”中有多少个“否”，然后看下表的内容。

“否”的数量	给你的反馈意见
0	你准备得很好，你可以开办自己的企业。下一步你要做好开办企业的工作计划
1~10 个	你应该回到创办企业的准备步骤中去，并在需要改进的地方下些功夫
10 个以上	目前你开办企业的风险太大，如果你仍然很想开办企业，你应该回过头去从创业的最初阶段重新准备

练习 48　制订开办企业的行动计划

序号	需要采取的行动	由谁来做	时间安排	执行情况
1				
2				
3				
4				

注：如需要，请加页。

结　　语

创业路上坎坷多，黄亮和李燕从“想当老板”到“要当老板”，学习之后认为自己“能当老板”，并且向着“当好老板”一步一步迈进，让我们共同回顾他们一路走过的十步创业历程：

第一步，评价你是否适合创业；

第二步，建立一个好的企业构思；

第三步，评估你的市场；

第四步，企业的人员组织；

第五步，选择你的企业法律形态；

第六步，企业的法律环境和责任；

第七步，预测你的启动资金；

第八步，制订你的利润计划；

第九步，判断你的企业能否生存；

第十步，开办你的企业。

创业难，守业更难！如何让你的企业能够不断改善，立于不败之地，请参加“改善你的企业”（IYB）培训班的学习。

祝各位学员创业成功！